Besser in Französisch
2. Lernjahr

Michelle Beyer / Simone Lück-Hildebrandt

Besser in Französisch

Grammatik

Mit 16 S. Lösungsheft

2. Lernjahr

Die Autorinnen:
Michelle Beyer war viele Jahre Französischlehrerin an einem Gymnasium in Deutschland und unterrichtet heute an einem französischen Gymnasium.
Simone Lück-Hildebrandt unterrichtet Französisch an einem Gymnasium.
Sie ist außerdem Beauftragte für Lehrerfortbildung im Fach Französisch.

www.cornelsen.de

Bibliografische Information:
Die Deutsche Bibliothek verzeichnet diese Publikation in der Deutschen National-bibliografie; detaillierte bibliografische Daten sind im Internet über http://dnb.ddb.de abrufbar.

Dieser Band folgt den Regeln der deutschen Rechtschreibung, die seit August 2006 gelten.

1. Auflage 2009
© 2009 Cornelsen Verlag Scriptor GmbH & Co. KG, Berlin
Das Werk und seine Teile sind urheberrechtlich geschützt. Jede Nutzung in anderen als den gesetzlich zugelassenen Fällen bedarf deshalb der vorherigen schriftlichen Einwilligung des Verlags.
Hinweis zu den §§ 46, 52a UrhG: Weder das Werk noch seine Teile dürfen ohne eine solche Einwilligung eingescannt und in ein Netzwerk eingestellt oder sonst öffentlich zugänglich gemacht werden.
Dies gilt auch für Intranets von Schulen und sonstigen Bildungseinrichtungen.
Redaktion: Maria Bley, Baldham
Herstellung: Kristiane Klas, Frankfurt am Main, Dagmar & Torsten Lemme, Berlin
Umschlagentwurf: Patricia Müller und Torsten Lemme, beide Berlin
Illustrationen: Stefan Matlik, Essenheim
Satz: Utesch GmbH, Hamburg
Druck und Bindearbeiten: Tesinska Tiskarna, Cesky Tesin
Printed in the Czech Republic
ISBN 978-3-589-22997-0

 Gedruckt auf säurefreiem Papier, umweltschonend hergestellt aus chlorfrei gebleichten Faserstoffen.

Inhalt

So lernst du mit diesem Buch 7

1 Infinitivkonstruktionen ohne Präposition 10
A Der Infinitiv nach Modalverben 10
B Infinitiv und Objektpronomen 13
C Weitere Infinitivkonstruktionen 14

2 Die nahe Zukunft 17
A Die Bildung mit *aller* und Infinitiv 17
B Die nahe Zukunft in der verneinten Form 20
C Nahe Zukunft und Objektpronomen 20

3 Indirekte Rede und indirekte Frage 23
A Die indirekte Rede 23
B Die indirekte Frage 26

4 Das Perfekt (1) 29
A Die Bildung des *passé composé* mit *avoir* 29
B Die Bildung des Partizips Perfekt 31
C Das *passé composé* in der verneinten Form 34
D Die Bildung des *passé composé* mit *être* 35

5 Das Adverb 42

6 Der indefinite Begleiter *tout* 45

7 Der Teilungsartikel 49
A Bildung und Verwendung des Teilungsartikels 49
B Teilungsartikel und Mengenangaben 51
C Ausnahmeregeln 54

8 Verben mit Stammerweiterung 58
A Verben auf *-ir* mit Stammerweiterung 58
B Der Verbtyp *connaître* 60

9 Infinitivkonstruktionen mit Präposition 64
A Infinitivkonstruktionen mit *de* 64
B *être en train de faire qc* und *venir de faire qc* 66
C Infinitivkonstruktionen mit *à* 70

10 Die unverbundenen Personalpronomen 73

11 Die Relativpronomen 76
A Das Relativpronomen *qui* 76
B Das Relativpronomen *que* 79
C Die Hervorhebungen *c'est… qui/c'est… que* 81
D Das Relativpronomen *où* 84

12 Die reflexiven Verben 86
A Die reflexiven Verben im Präsens 86
B Die reflexiven Verben im *passé composé* 89
C Die reflexiven Verben im *futur composé* 90
D Reflexive Verben und Modalverben 92

13 Länder- und Städtenamen 96
A Die Ländernamen und ihre Begleiter 96
B Nationalitätsbezeichnungen 100
C Städtenamen und ihre Präpositionen 102

14 Die Adverbialpronomen *y* und *en* 106
A Das Adverbialpronomen *y*: Standpunkt und Richtung 106
B Das Adverbialpronomen *en*: Herkunft 107
C Weiterer Gebrauch von *en* 108

15 Die Steigerung des Adjektivs 112
A Der Komparativ 112
B Der Superlativ 114

16 Das Perfekt (2) – Die Veränderlichkeit des Partizips 118
A Das Partizip der Verben, die mit *avoir* verbunden sind 118
B Besonderheiten der reflexiven Verben 122

So lernst du mit diesem Buch

Aus welchem Grund du dich auch entschlossen hast, deine Französischkenntnisse zu verbessern – dieses Buch wird dir helfen, beim Umgang mit der französischen Grammatik sicherer zu werden.

Der Aufbau dieser Lernhilfe entspricht ungefähr deinem Französischlehrbuch, das du in der Schule benutzt. Du musst dieses Buch aber nicht unbedingt von vorne nach hinten durcharbeiten. Wenn du ein ganz bestimmtes Problem hast, kannst du das entsprechende Thema anhand des Inhaltsverzeichnisses heraussuchen und dann dieses Kapitel bearbeiten.

Auch das Vokabular ist auf dein Französischbuch abgestimmt. Manchmal war es allerdings nicht zu vermeiden, einen Begriff aufzunehmen, den du vielleicht noch nicht kennst. Die Übersetzung findest du dann unmittelbar hinter diesem Wort.

Jedes Kapitel dieses Buches enthält
- eine Übersicht über die behandelten Themen,
- kurze grammatische Erklärungen mit Beispielsätzen,
- ein bis zwei Übungen zum jeweiligen Thema.

Am Ende der meisten Kapitel findest du einen Test. Er enthält Übungen, für die du alle behandelten Themen des Kapitels beherrschen musst. Für diese Übungen gibst du dir anschließend Punkte und überprüfst selbst, ob du mit deinen Fortschritten zufrieden sein kannst. Wenn du nicht mehr als die Hälfte der angegebenen Punktzahl erreicht hast, solltest du das Kapitel besser noch einmal durcharbeiten.

Mit Hilfe des Lösungshefts kannst du deine Ergebnisse überprüfen. Du solltest dir die Lösungen allerdings immer erst ansehen, wenn du eine Übung vollständig bearbeitet hast.

Alle Übungen kannst du direkt im Buch bearbeiten. Am besten verwendest du dafür einen Bleistift. Dann kannst du radieren und eine Übung, mit der du nicht ganz zufrieden warst, noch einmal wiederholen.

M. Lecoq und Clochard begleiten dich wieder bei der Arbeit mit diesem Buch:

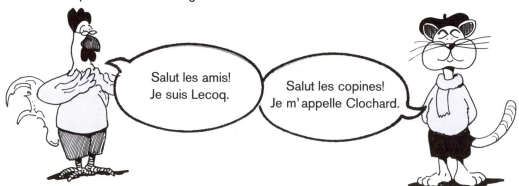

M. Lecoq kennt sich nicht nur mit allen Feinheiten der Sprache Frankreichs bestens aus, als Hahn verkörpert er auch ein Wahrzeichen des Landes. Wie du sicher vom Gallier Asterix weißt, benannten die Römer das heutige Frankreich nämlich nach dem Hahn (lat. gallus).
Der Kater ist zwar kein französisches Wahrzeichen, dafür aber in fast jedem normalen französischen Haushalt anzutreffen – also auch hier.
Beide, M. Lecoq und Clochard, sind da, wenn es etwas Besonderes zu beachten gibt.
Und auch unsere deutsch-französischen Freunde sind wieder dabei:

Und nun viel Erfolg und Spaß beim Üben mit diesem Buch!

*Michelle Beyer und
Simone Lück-Hildebrandt*

* progrès *m* – Fortschritt   * patati et patata – und so schwatzen sie in einem fort

1 Infinitivkonstruktionen ohne Präposition
L'infinitif sans préposition

A Der Infinitiv nach Modalverben
B Infinitiv und Objektpronomen
C Weitere Infinitivkonstruktionen

A Der Infinitiv nach Modalverben

Die Verben *pouvoir, devoir, vouloir* und *savoir* werden Modalverben genannt. Folgt auf ein Modalverb ein weiteres Verb, so steht das zweite Verb immer im Infinitiv.

> Yves: On fait un tour.
> Tu **veux venir** avec nous?
>
> Magali: Je **voudrais** bien, mais je ne **peux** pas.
> Je **dois attendre** un coup de téléphone de mes parents.

Im Falle der Verneinung umschließt die Verneinungsklammer die konjugierte Verbform – also das Modalverb. (Statt „konjugierte" Verbform sagt man auch „finite" Verbform.)

> Elle **ne** peut **jamais** arriver à l'heure.

Leider sind die Modalverben unregelmäßig. Du musst sie also auswendig lernen. Kannst du sie schon?

Il faut toujours apprendre?

pouvoir (können)		**vouloir** (wollen)	
je	peux	je	veux *
tu	peux	tu	veux
elle/il/on	peut	elle/il/on	veut
nous	pouvons	nous	voulons
vous	pouvez	vous	voulez
elles/ils	peuvent	elles/ils	veulent

* Und nicht zu vergessen die Höflichkeitsform: *je voudrais* (ich möchte).

	devoir (sollen, müssen)		**savoir** (wissen, können)
je	dois	je	sais
tu	dois	tu	sais
elle/il/on	doit	elle/il/on	sait
nous	devons	nous	savons
vous	devez	vous	savez
elles/ils	doivent	elles/ils	savent

Beim Gebrauch der Modalverben *savoir* und *pouvoir* musst du Folgendes beachten:

Savoir verweist auf etwas, was man lernen, einüben oder sich merken muss.

Pouvoir verweist auf eine vorhandene Möglichkeit oder Fähigkeit.

1 Vervollständige die Sätze wie im Beispiel. Benutze dabei passende Modalverben.

manger sa soupe / écrire / aller chez le dentiste / faire son exercice d'allemand

1. *Il ne veut pas manger sa soupe.*

2. _____

3. _____

4. _____

2 Le rendez-vous (1)
Vervollständige das folgende Gespräch mit den passenden Formen der modalen Verben: *pouvoir, savoir, vouloir* oder *devoir*.

Yves: On va au cinéma. Vous _____ [1] venir avec nous?

Brigitte: On _____ [2] bien, mais aujourd'hui, on ne _____ [3] pas.

Fredo: Et, on _____ [4] vous demander pourquoi vous ne _____ [5] pas?

Magali: Rolf m'attend. Nous avons rendez-vous et je _____ [6] être au Forum des Halles à 15 heures. Il _____ [7] me montrer une boutique de posters.

Yves: Bon. Mais nous _____ [8] peut-être faire un tour ensemble après?

Brigitte: D'accord. Alors, rendez-vous à 17 heures devant le Théâtre de la Ville. Vous _____ [9] où c'est?

Magali: Oui, moi, je _____ [10]. Il y a un bar allemand: «le Bayern».

Fredo: Ça, c'est bien Magali avec ses Allemands!

3 Le rendez-vous (2)
Entscheide nun, ob das einzusetzende Verb konjugiert wird oder im Infinitiv steht.

A 17 heures, Yves et Frédéric _____ [1] devant le théâtre de la ville. Ils _____ [2]	être
	ne pas aimer
_____ [3] en retard (zu spät kommen).	être
17 heures 15. Les filles _____ [4].	ne pas arriver
Yves _____ [5] son baladeur.	écouter
Frédéric _____ [6] sa montre.	regarder
Frédéric: «Mais, qu'est-ce qu'elles _____ [7]	pouvoir
bien _____ [8]?	faire
Ces demoiselles _____ [9]	ne jamais regarder
leurs montres! Elles _____ [10] toujours quand	arriver
elles _____ [11], et nous, nous _____ [12]	vouloir/devoir
toujours les _____ [13].	attendre
Ah, ces filles alors! Elles _____ [14] bien que	savoir
nous _____ [15]	ne pas vouloir
_____ [16]!»	attendre

B Infinitiv und Objektpronomen

> M. Lecoq: Tu sais faire **l'exercice**, Frédéric?
> Frédéric: Bien sûr, je sais **le** faire!
>
> Magali doit écrire **à sa tante Amélie**.
> Elle doit **lui** écrire, mais elle ne veut pas **lui** écrire.

Das Objektpronomen steht immer vor dem Verb, auf das es sich bezieht.
In den Beispielsätzen oben bezieht sich das Objekt auf den Infinitiv. Deshalb steht das Objektpronomen vor dem Infinitiv – und nicht vor dem konjugierten Verb.

| faire **l'exercice** | → | **le** faire |
| écrire **à tante Amélie** | → | **lui** écrire |

4 Was sollen, müssen, können sie tun?
a) Notiere die Sätze zuerst richtig.
b) Ersetze dann die unterstrichenen Objekte durch ein Objektpronomen.

1. Elle / son / écrire / doit / père / à / mère / et / sa/.
   a) _____
   b) *Elle doit leur* _____

2. Rolf / téléphoner / à / Magali / veut /.
   a) _____
   b) _____

3. pas / panne / Ils / savent / ne / la / réparer /.
   a) _____
   b) _____

4. Elle / sa / ne / manger / veut / pas / soupe /.
   a) _____
   b) _____

5 Sind die folgenden Sätze richtig? Kreuze das entsprechende Kästchen an (c = *correct*, f = *faux*). Berichtige dann die fehlerhaften Sätze.

	c	f
1. a) Frédéric, tu dois ranger ta chambre!	☐	☐
b) Oui, je la veux bien ranger, mais après le film!	☐	☐

2. Magali ne veut pas écrire à sa tante.

3. Tu sais répare le vélo?

4. Nous doivons encore attendre les filles!

5. Elle ne peut pas ses verbes parce qu'elle ne les apprend pas.

___

C Weitere Infinitivkonstruktionen

Die Verben *aimer faire qc* (gern etwas tun) und *préférer faire qc* (es vorziehen, etwas zu tun) drücken eine Neigung aus. Nach diesen Verben steht der reine Infinitiv ohne Präposition.

> **J'aime** bien **faire** du tennis,
> mais je **préfère** encore **regarder** un film à la télé.

Weißt du übrigens noch, dass *préférer* leicht unregelmäßig ist? Jedes Mal wenn die Endung hörbar ist (*nous, vous*), wird der Stamm *préfér-* geschrieben. Sonst heißt es *préfèr-*.

6 Qu'est-ce qu'ils aiment bien? Qu'est-ce qu'ils préfèrent encore?
Vervollständige die Sätze mit der richtigen Form von *aimer* oder *préférer* und der passenden Verbergänzung.

1. Tennis spielen / ins Kino gehen
3. Rad fahren (faire du vélo) / windsurfen (faire de la planche à voile)
4. mit dem Computer spielen (jouer avec l'ordinateur)
5. auf eine Party gehen (aller à une surprise-partie)
6. sich einen Film im Fernsehen anschauen / mit Freunden lachen
7. mit Rolf ausgehen (sortir)
8. ein Buch lesen / Kuchen und Eis essen

1. Moi, j'*aime* bien *faire du* tennis, mais je *préfère* encore *aller au* cinéma.

2. Et vous, Rolf et Katrin, qu'est-ce que vous _____ faire?

3. Nous _____ _____ vélo, mais nous _____. _____ voile.

4. Et toi, Yves, tu _____ _____ ordinateur?

5. Oui, mais je _____ _____ surprise-partie.

6. Et toi, Magali, qu'est-ce que tu _____? _____ _____ à la télé ou _____ amis?

7. Bien sûr, j'_____ _____ amis, mais je _____ encore _____ Rolf.

Et tes copains?

8. Ma copine Brigitte, elle _____ _____ livre, mais elle _____ _____ glaces.

15

Test

I Les problèmes de nos amis

Magali, Brigitte, Frédéric et Yves parlent de leurs problèmes: les parents et les sorties!

Setze das passende Verb ein. Bediene dich dabei der vorgegebenen Infinitive. Sie stehen allerdings nicht in der richtigen Reihenfolge.

être
ne pas vouloir
sortir
devoir

Moi, je voudrais bien _____¹ le soir, mais mes parents ____ _____ _____². Je _____³ toujours _____⁴ à la maison à 21 heures!
Pff! 21 heures en vacances!

pouvoir
comprendre
savoir
rentrer
sortir

Moi aussi! Mais ma grand-mère me _____⁵.
Avec elle, je _____⁶ _____⁷ à 23 heures pendant les vacances, quand elle _____⁸ avec qui je _____⁹!

sortir
vouloir
savoir

Moi, ça va avec mes parents, mais ils _____¹⁰ toujours _____¹¹ avec qui je _____¹².

entendre
ne pas ranger
aider
pouvoir

Avec mes parents, j'_____¹³ toujours: «Et ta chambre! Pourquoi est-ce que tu ____ la _____ _____¹⁴? Tu _____¹⁵ _____¹⁶ ton père dans le jardin!»
La barbe!

16 points

2 Die nahe Zukunft
Le futur composé: aller faire qc

A Die Bildung mit *aller* und Infinitiv
B Die nahe Zukunft in der verneinten Form
C Nahe Zukunft und Objektpronomen

A Die Bildung mit *aller* und Infinitiv

Auch beim *futur composé* handelt es sich um eine Infinitivkonstruktion ohne Präposition.

> Et qu'est-ce qu'on **va faire** aujourd'hui?
>
> Nous **allons visiter** le zoo de Vincennes,
> et après, je **vais** vous **offrir** une glace.

Das *futur composé* wird für Handlungen benutzt, die in der nahen Zukunft stattfinden. Deshalb nennt man diese Zeit auch *futur proche*.
Das *futur composé* wird gebildet, indem man hinter die Präsensform von *aller* den Infinitiv des entsprechenden Verbs anfügt.

Je	vais	**faire** mon lit dans cinq minutes.
Tu	vas	**rentrer** à quelle heure?
Il	va	**prendre** le bus de six heures.
Nous	allons	**regarder** le match de foot.
Vous	allez	**manger** au restaurant ce soir?
Ils	vont	**être** contents.

Ganz einfach also! Du musst allerdings die Formen des Verbs *aller* sicher beherrschen und die Infinitivformen der Verben kennen.
Wie steht's damit? Das werden wir gleich sehen.

Je vais chanter ma chanson dans cinq minutes. Cocorico!

1 Tu connais les infinitifs? Nous allons voir ...
Ergänze den passenden Infinitiv.

Tous les jours ...

Mais demain ...

Tous les jours je <u>prends</u> mon café à sept heures.

Mais demain, je vais _____¹ mon café au lit à 10 heures.

Je <u>mange</u> des toasts.

Mais demain, je vais _____² des croissants.

J'<u>attends</u> mon bus.

Je vais _____³ mes copains.

Je <u>file</u> au collège.

Je vais _____⁴ dans un parc pour faire du footing.
Et oui, demain, c'est dimanche!

Bis jetzt war es noch einfach. Nun sollst du die ganze Form des *futur composé* eintragen: die richtig konjugierte Form von *aller* und den passenden Infinitiv.

2 Regarde les images et réponds aux questions.
   a) Que font-ils maintenant?
   b) Et que vont-ils faire après?

1. a) Brigitte, qu'est-ce que tu fais?

   Je range ma chambre.

   b) Et après?

   Je vais écrire une lettre.

2. a) Magali, qu'est-ce que tu fais?

   _____

   b) Et après?

   _____

   _____

3. a) Et vous, Yves et Frédéric, qu'est-ce que vous faites?

   _____

   _____

   b) Et après?

   _____

   _____

4. a) Et vous, Gaby et Marie, qu'est-ce que vous faites?

   Nous _____

   _____

   b) Et après?

   _____

   _____

   avec Gérard et Jacques.

B Die nahe Zukunft in der verneinten Form

Wird das *futur composé* verneint, so umschließen die beiden Teile der Verneinungsklammer die konjugierte Form von *aller*. (Auch bei den Modalverben wird die konjugierte Verbform von der Verneinungsklammer umschlossen.)

> Tu vas prendre ton vélo?
> Non, je **ne** vais **pas** prendre mon vélo. Je vais prendre le bus.

3 Qu'est-ce qu'ils vont faire?
Regarde bien les dessins et réponds à la question. Attention à la négation!

Il va boire un thé?

Non, il *ne va pas boire un thé.*

Il _____

Tu vas dormir à l'hôtel?

Non, je _____

Je _____

Elle va acheter le pull?

Non, _____

_____

Vous allez jouer au badminton?

_____

_____

C Nahe Zukunft und Objektpronomen

> Quelle poussière! Range **ta chambre**, Yves!
> Bon d'accord. Je vais **la** ranger tout de suite.

Beim *futur composé* steht das Objektpronomen vor dem Verb im Infinitiv, denn auf dieses bezieht sich das Pronomen.

4 Que faire?
Vervollständige die Sätze im *futur composé* und ergänze die passenden Objektpronomen.

> **Vokabelhilfe**
>
> réparer – reparieren   rendre qc à qn – jdm. etwas zurückgeben
> téléphoner à qn – jdn. anrufen ranger – aufräumen

1. Les filles sont en retard au rendez-vous.

   Yves et Frédéric _vont_ encore _les attendre_!

2. Le vélo ne marche pas, les enfants!

   Vous _____

   pour demain?

3. Brigitte n'est pas là! Qu'est-ce qu'on va faire?

   Bon alors, on _____

   _____

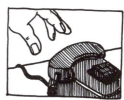

4. Magali et Brigitte oublient leur parapluie (Regenschirm) chez Rolf.

   Il _____

   leur parapluie demain.

5. Quel désordre dans ma chambre!

   Bon, je _____

Test

I Vervollständige die Sätze mit dem passenden Verb im *futur composé*.

> ein Taxi anrufen / mit dem Bus fahren / waschen / ins Restaurant gehen / ins Bett gehen / einen Arzt anrufen / ein Buch lesen / einen Orangensaft trinken

1. Ils sont en retard. Qu'est-ce qu'ils vont faire?

   Ils vont _____

2. Ma voiture est en panne. Qu'est-ce que je vais bien faire?

   Eh bien, tu _____

3. Nos jeans sont sales (dreckig)!

   Bon alors, vous _____

4. Il n'y a plus rien (nichts mehr) à manger à la maison.

   Alors, nous _____

5. Je suis très fatigué.

   Je _____

6. Elle a 40 de fièvre (40 Grad Fieber).

   Elle _____

7. Je ne peux pas dormir.

   Je _____

8. Ils ont soif.

   Ils _____

| 8 points

3 Indirekte Rede und indirekte Frage
Le style indirect

A Die indirekte Rede
B Die indirekte Frage

A Die indirekte Rede

> Magali dit à sa mère: «Maman, je redouble (die Klasse wiederholen).»
> Magali **dit** à sa mère **qu'**elle redouble.
>
> Elle lui explique alors: «Mes amies redoublent aussi.»
> Elle lui **explique** alors **que** ses amies redoublent aussi.

Die Sätze oben stehen einmal in der direkten und einmal in der indirekten Rede.
Sätze der direkten Rede erkennst du daran, dass sie durch einen Doppelpunkt und/oder Anführungsstriche eingeführt werden.
Woran erkennt man aber die Sätze der indirekten Rede? Sie werden durch ein Verb wie *dire* oder *expliquer* und durch die Konjunktion *que* (dass) eingeleitet.

Folgende Verben können eine indirekte Rede einleiten:

dire	– sagen	répondre	– antworten
raconter	– erzählen	expliquer	– erklären
répéter	– wiederholen	ajouter	– hinzufügen

Vergleiche einmal die folgenden Sätze und achte besonders auf die Verben und Konjunktionen.

> Er sagt, **dass** er Grippe **habe**.   Il dit **qu'**il **a** la grippe.
> Er sagt, er **habe** Grippe.   Il dit **qu'**il **a** la grippe.

- Wie du siehst, wird im Französischen die Stellung des Verbs im Nebensatz nicht verändert.

- Im Deutschen wird (in der Schriftsprache) im indirekten Satz der Konjunktiv benutzt.
  Im Französischen bleiben wir bei den uns bis jetzt bekannten Zeiten.

- Die Konjunktion *que* ist im Französischen in der indirekten Rede unerlässlich. Vor einem Vokal wird *que* apostrophiert (*qu'*).

- Zwischen dem Hauptsatz und dem Nebensatz steht kein Komma.

Was passiert außerdem, wenn ein Satz von der direkten in die indirekte Rede umgewandelt wird?

> Karsten dit: «Je cherche ma clé.» Karsten sagt: „Ich suche meinen Schlüssel."
> Il dit qu'il cherche sa clé. Er sagt, dass er seinen Schlüssel suche.

- Das Subjekt des unabhängigen Satzes muss bei der Umwandlung in die indirekte Rede dem Sinne nach verändert werden. In unserem Beispiel wird das Subjekt *je* in der direkten Rede zu *il* in der indirekten Rede.
- Die Endung des Verbs muss dem neuen Subjekt natürlich angepasst werden.
  Frédéric et Yves: Nous écrivons à Rolf.
  Frédéric et Yves disent qu'ils écrivent à Rolf.
- Der Possessivbegleiter muss ebenfalls sinngemäß geändert werden. Im Beispiel oben wird *mon* zu *son*.

Genauso ist es ja im Deutschen.

Nicht nur Subjekt und Possessivbegleiter werden in der indirekten Rede verändert. Auch die Objektpronomen werden der neuen Sprechsituation angeglichen:

> Frédéric dit à Yves: «Je te téléphone demain.»
> Frédéric dit à Yves qu'il lui téléphone demain.

1 Wandle die folgenden Sätze der direkten Rede in die indirekte Rede um.

1. Brigitte dit à son père: «Je cherche mes clés!»

   Brigitte dit à son père qu'elle cherche ses clés.

2. Son père lui dit: «Tu ne sais jamais où tu mets tes affaires!»

   _____

3. Magali et Brigitte expliquent: «Nous rencontrons nos amis de Berlin à cinq heures.»

   Elles expliquent _____

4. Elles ajoutent à Pierre et Fred: «Vous pouvez venir aussi.»

   Elles ajoutent à Pierre et Fred _____

2 Wandle die Sprechblasentexte in indirekte Rede um. Achte dabei besonders auf die Verbformen und auf Possessivbegleiter und Objektpronomen.

Frédo / Magali: Nous allons au cinéma «La Géode». Nous avons rendez-vous avec nos copains allemands à deux heures.

Yves: Moi, je vais au musée d'Orsay.

Brigitte: C'est une bonne idée, mais je voudrais d'abord manger quelque chose parce que j'ai faim.

Magali: J'ai faim aussi et je voudrais bien manger un petit bout, mais je n'ai pas mon porte-monnaie …

Yves: C'est toujours comme ça! Vous oubliez vos affaires, vous voulez toujours manger ou vous regardez les magasins. Nous vous attendons toujours!

1. Frédo et Magali *disent qu'ils vont au cinéma «La Géode». Ils expliquent qu'ils ont rendez-vous* _____

2. Yves dit _____

3. Brigitte dit _____
   mais elle ajoute qu'elle _____

4. Magali _____

5. Yves se fâche (ärgert sich) et dit _____

25

B Die indirekte Frage

direkte Frage	indirekte Frage
Le grand-père Lecarpentier à Magali: «**Est-ce que** tu passes en sixième?»	Le grand-père demande à Magali **si** elle passe en sixième.
«**Pourquoi** est-ce que tu redoubles?»	Il veut savoir **pourquoi** elle redouble.

- Ist die direkte Frage eine Entscheidungsfrage (*est-ce que*), dann wird sie in der indirekten Form mit der Konjunktion *si* (ob) eingeführt.
  Si wird vor *il/ils* apostrophiert (*s'il/s'ils*), nicht jedoch vor *elle/elles* (*si elle/si elles*).

- Wird die direkte Frage aber mit einem Fragewort (*pourquoi*) gebildet, dann wird auch die indirekte Form mit diesem Fragewort eingeleitet.

Anhand der folgenden Zusammenstellung kannst du überprüfen, ob du die wichtigsten Fragewörter noch beherrschst.

warum	– pourquoi	wie viel	– combien
wo/wohin	– où	wer	– qui
wann	– quand	welcher/welche	– quel/quelle
um wie viel Uhr	– à quelle heure	ob	– si

3 Magali konnte nicht auf die Party von Brigitte gehen. Jetzt will sie genau wissen, was sie verpasst hat.
Vervollständige mit dem passenden Fragewort.

«Tiens, salut Brigitte! Raconte-moi vite ta soirée d'hier. Je voudrais savoir

_____¹ est venu du collège et _____² de copains de la M.J.C.

sont allés à ta fête. Dis-moi aussi avec _____³ tu as dansé, _____⁴ ca-

deau Yves t'a fait pour ton anniversaire, _____⁵ vous

avez arrêté la fête, _____⁶ vous êtes allés après et _____⁷

personne (keiner) n'est venu au collège aujourd'hui en première heure!»

Test

I Ordne die Fragen und Antworten einander zu.

question	1	2	3	4	5
réponse	e				

4 points

27

II Wandle jetzt die Sätze von Test I in indirekte Fragen und Antworten um. Denke daran, dass du die Objektpronomen, die Verbformen und die Possessivbegleiter verändern musst!

1. M. Genêt *veut savoir si Magali passe en sixième.*
   Magali *répond qu'elle redouble.*

2. Il demande aussi pourquoi _____

3. Yves veut savoir _____

4. Frédéric _____

5. Clotilde _____

| 8 points

4 Das Perfekt (1)
Le passé composé

A Die Bildung des *passé composé* mit *avoir*
B Die Bildung des Partizips Perfekt
C Das *passé composé* in der verneinten Form
D Die Bildung des *passé composé* mit *être*

A Die Bildung des *passé composé* mit *avoir*

Nous	**avons**	travaillé.		Wir haben gearbeitet.
Elle	**a**	vu	la tour Eiffel.	Sie hat den Eiffelturm gesehen.
Ils	**ont**	visité	un musée.	Sie haben ein Museum besucht.

konjugierte Form von *avoir* — Partizip Perfekt

Das *passé composé* der meisten Verben wird aus diesen zwei Elementen gebildet: aus der konjugierten Form von *avoir* und dem Partizip Perfekt.

1 Unterstreiche im folgenden Text die Formen des *passé composé* und schreibe sie heraus.
Après les vacances, Brigitte retrouve sa copine de classe:

Et alors Brigitte, tes vacances …?

«Super! Tu sais, j'ai passé quinze jours à Ber- *j'ai passé* _____ 1

lin en Allemagne chez ma correspondante _____ 2

Fatima. La famille a été très gentille avec moi. _____ 3

Nous avons fait beaucoup d'excursions. _____ 4

J'ai vu par exemple la tour de la télévision

(Fernsehturm). Mais quel monde devant les

caisses, il a fallu attendre une heure pour pouvoir monter. Nous avons pris le café dans le restaurant de la tour. Quelle surprise!
Après Fatima a dit: ‹Et ce soir, nous allons au théâtre.› Alors j'ai mis une robe très jolie, mais Fatima m'a donné un jean. J'ai eu un choc! ‹Tu vas regarder la pièce *Linie 1,* c'est pour les jeunes,› a dit le frère de Fatima.
Au théâtre, je n'ai pas compris les dialogues, mais Fatima m'a raconté l'histoire. Le spectacle a été fantastique.»

B Die Bildung des Partizips Perfekt

Für die Bildung des Partizips Perfekt (P.P.) musst du dir Folgendes merken:

- Die Verben auf -er bilden das P.P. auf é.

acheter	J'ai acheté.
commencer	Vous avez commencé.

- Die Verben auf -re bilden das P.P. auf u.

attendre	Il a attendu.
rendre	La marchande a rendu six francs.

- Die Verben auf -ir bilden das P.P. auf i.

dormir	Elle a dormi.
finir	Ils ont fini.

- Bei einer Gruppe von Verben musst du die Form des Partizips auswendig lernen. Ihre Anzahl hält sich aber in Grenzen. Hier sind sie:

Infinitiv		Partizip Perfekt
faire	machen	fait
dire	sagen	dit
écrire	schreiben	écrit
mettre	setzen, stellen, legen	mis
prendre	nehmen	pris
lire	lesen	lu
voir	sehen	vu
boire	trinken	bu
pouvoir	können	pu
vouloir	wollen	voulu
devoir	müssen, sollen	dû
savoir	wissen	su
il faut	man muss	il a fallu
ouvrir	öffnen	ouvert
offrir	anbieten	offert
avoir	haben	eu
être	sein	été

2 Stelle dir für die folgende Übung eine Zeitmaschine vor:

Man schiebt
die Infinitive hindurch ⟶ und erhält
das Partizip Perfekt.

1. répondre — répondu
2. comprendre _____
3. faire _____
4. envoyer _____
5. voir _____
6. être _____
7. mettre _____
8. lire _____
9. devoir _____
10. ouvrir _____

3 Coco aime bien parler. Il est même très intelligent et il répète toutes les phrases au passé composé.
Mach es wie er und wiederhole auch alles im *passé composé*.

1. Grand-père fête son anniversaire. — *Grand-père a fêté son anniversaire.*
2. Nous invitons beaucoup d'amis. _____
3. On fait une grande fête. _____
4. Le soir, nous buvons un verre de champagne. _____
5. Tu peux aller à la discothèque? _____

6. J'ai faim.

7. Grand-père et Brigitte voient un match de foot à la télé.

8. A quelle heure est-ce que vous prenez le petit déjeuner?

9. Magali et Brigitte écrivent des lettres d'amour.

10. Frédo danse avec une jolie fille.

11. J'attends devant le cinéma.

12. Maman et papa, vous écoutez de la musique pop?

13. Nous sommes à la piscine.

14. Ils veulent acheter une maison.

15. Cloclo, est-ce que tu offres des biscuits?

16. Vous mettez les vêtements dans la valise?

17. Yves range sa chambre.

18. Pour avoir de l'argent on vend quelque chose au marché aux puces.

19. Avec cette grippe, il faut rester au lit.

20. Magali et Frédo organisent une excursion pour les correspondants allemands.

C Das *passé composé* in der verneinten Form

Wie schon bei den Modalverben und dem *futur composé* umschließen die Verneinungselemente auch hier das konjugierte Verb – in diesem Fall die konjugierte Form von *avoir*.

> Nous **n'**avons **pas** travaillé.
> Elle **n'**a **rien** vu.
> Ils **n'**ont **jamais** visité un musée.

4 Cloclo rentre de l'école maternelle (Vorschule). Elle pleure. Frédo lui demande: «Mais qu'est-ce qu'il y a, Cloclo?»
Benutze das *passé composé* und die Verneinung.

1. Les autres enfants _____ avec moi. ne pas jouer
2. Je *n'ai pas eu* le ballon. ne pas avoir
3. La maîtresse (Kindergärtnerin) _____ ! ne rien dire
4. Mon copain Jacques _____ là aujourd'hui. ne pas être
5. Je _____ parce que les autres enfants ont tout pris. ne pas manger
6. La maîtresse _____ quand les autres ont fait des bêtises (Dummheiten). ne pas faire attention
7. Je _____ . ne pas écrire
8. Les autres enfants _____ leurs affaires. Mais la maîtresse m'a dit: «Cloclo, pourquoi tu _____ ta place?» ne pas ranger / ne pas ranger

D Die Bildung des *passé composé* mit *être*

Nun werden nicht alle Verben im *passé composé* mit *avoir* gebildet – es gibt auch einige Verben, die mit der konjugierten Form von *être* gebildet werden. Diese mit *être* gebildeten lassen sich aber recht gut unterscheiden, denn sie drücken alle die Richtung einer Bewegung aus. Kater Clochard wird dir helfen, dir diese Verben zu merken.

Hier ist noch einmal die Übersicht der Verben, die im *passé composé* mit *être* gebildet werden:

monter	hinaufsteigen
partir	weggehen/-fahren
arriver	ankommen
entrer	eintreten
tomber	fallen
aller	gehen
venir	kommen
descendre	hinuntergehen
retourner	zurückkommen
rester	bleiben
sortir	hinausgehen

5 Frédo a cherché Clochard partout.
   Il raconte: «Quelle journée hier!!

1. *Je suis monté,*
2. _____
3. _____
4. _____
5. _____
6. _____
7. _____
8. _____
9. _____
10. _____
11. _____.»

6 Es gibt noch eine andere Möglichkeit, wie du dir diese Verben merken kannst: Du kannst Gegensatzpaare bilden.
Fülle bei den Kirschpaaren die Lücken jeweils mit dem Verb, das das Gegenteil ausdrückt. Einige Verben kommen dabei zweimal vor.

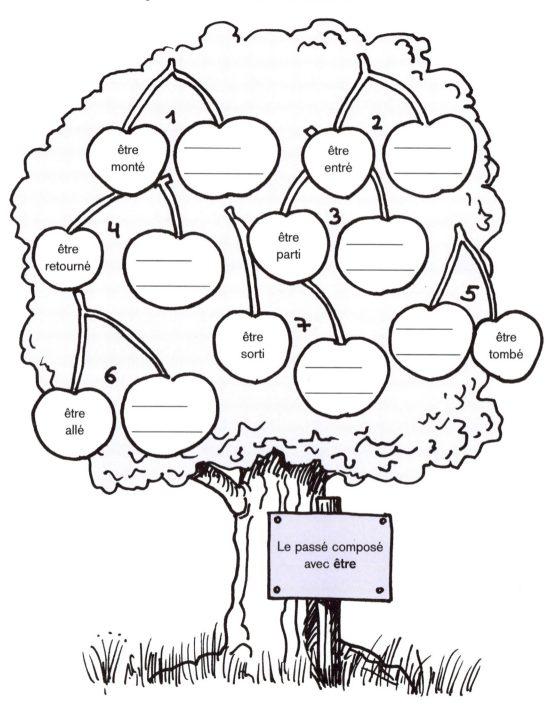

Le passé composé avec **être**

Bei den Verben, die im *passé composé* mit *être* gebildet werden, gibt es allerdings noch eine Besonderheit zu beachten.

> **Yves** est monté dans sa chambre. **Magali** est sortie avec Rolf.
> **Frédo et son père** sont allés au cinéma. **Brigitte et sa mère** sont parties.

Bei der Bildung des *passé composé* mit *être* wird das Partizip Perfekt (z. B. *monté*) dem Subjekt in Geschlecht und Zahl angeglichen. Dieses Prinzip kennst du schon vom Adjektiv.

Subjekt		Partizip Perfekt		
maskulin/Singular	+	monté	parti	descendu
feminin/Singular	+e	montée	partie	descendue
maskulin/Plural*	+s	montés	partis	descendus
feminin/Plural	+es	montées	parties	descendues

* Du weißt es sicher schon: Sobald in einer Gruppe eine männliche Person ist, wird die maskuline Pluralform verwendet.

7 Un week-end mouvementé (aufregend)
Frédéric schreibt Tagebuch. Das letzte Wochenende war sehr aufregend, deshalb ist er nur dazu gekommen, sich Notizen zu machen. Aber heute schreibt er alles ins Reine. Versetze dich in seine Lage.

1. Vendredi/je/arriver trop tard au collège
2. Clotilde/tomber de l'escalier
3. Maman et papa/monter dans un taxi pour aller chercher tante Louise à la gare
4. Je/rester à la maison pour faire attention à Cloclo
5. Le train de Cherbourg/arriver à 18 heures
6. Un peu plus tard/tante Louise/descendre du train

7. Tous les trois/rentrer en bus
8. Samedi/nous/sortir ensemble
9. Dimanche matin/Brigitte et Magali/venir à la maison/dire bonjour à tante Louise
10. Dimanche soir/tante Louise partir
11. Cloclo/aller aussi à la gare
12. Nous/être tristes/parce que nous aimons bien tante Louise

Attention! Etre ou avoir?

1. Vendredi, je suis arrivé trop tard au collège.
2.
3.
4.
5.
6.
7.
8.
9.
10.
11.
12.

Test

I   Verbinde die folgenden Satzhälften so, dass sie einen sinnvollen Satz ergeben. Setze dabei jeweils die erste Satzhälfte ins Präsens und die zweite ins *passé composé*.

Frédo est triste parce qu'il a eu des problèmes à l'école et à la maison:

1. redoubler la classe
2. avoir une discussion terrible avec ses parents
3. être seul dans la chambre
4. avoir des mauvaises notes

parce que

a) ne pas faire ses devoirs
b) ne pas travailler
c) bavarder avec ses camarades
d) dire des choses méchantes (hässlich) aux parents

Ce soir,

5. aller un peu mieux
6. être content

e) téléphoner à un ami
f) voir ses copains au café

1. *b) Frédo redouble* _____

2. ___ *Il* _____

3. ___ _____

4. ___ _____

5. ___ _____

6. ___ _____

6 points

II Coco est malade. Voilà ses phrases au passé composé, mais il a fait des fautes. Tu vas les corriger.

1. Elles ont écrivé des lettres d'amour.
   _____

2. Pendant les vacances, ils sont été sur la Côte d'Azur.
   _____

3. Nous sommes offrir des cadeaux.
   _____

4. J'ai voyez un match de tennis à la télé.
   _____

5. Magali as mis le gâteau au four.
   _____

6. Est-ce que vous êtes faites une promenade à la mer?
   _____

| 6 points

III Jetzt wird's ernst. In der folgenden Testaufgabe werden nun alle Verben – ob mit *avoir* oder *être* gebildet – geübt. Setze die richtigen Formen ein.

Mme Pipelette, la concierge de la maison où habitent Magali et ses parents, fait ses courses chez M. Bonsens, l'épicier du quartier.

Mme Pipelette: Ecoutez, M. Bonsens, je dois vous raconter

quelque chose à propos de cette jeune fille Magali. Les jeunes

aujourd'hui, c'est incroyable (unglaublich)! Hier après-midi,

Magali _____¹ vers trois heures du collège.   rentrer

Un peu plus tard, son amie, Brigitte _____²   arriver

aussi. J' _____³ à mon mari (Ehemann):   dire

«Elles vont peut-être faire leurs devoirs ensemble.» Mais non,

au contraire, une demi-heure plus tard, toutes les deux

_____⁴. Elles _____⁵ des   repartir,

jupes bien courtes et des boucles d'oreille (Ohrringe). Vers cinq   mettre heures, sa mère _____⁶ de son travail. Bien sûr, elle   revenir

_____⁷ Magali. Elle _____⁸   ne pas trouver, venir

chez moi et elle _____⁹: demander

«Vous ne savez pas où est ma fille?»

Evidemment (natürlich) je _____   ne pas pouvoir

_____¹⁰.   répondre

Alors elle _____¹¹ à la maison pour les attendre.   rester

Après, mon mari _____¹² à la boulangerie.   aller

_____¹³ acheter du pain. Et qu'est-ce qu'il   falloir

_____¹⁴? Eh bien, Magali, Brigitte et deux garçons; ils   voir

_____¹⁵ du bistro à côté de la boulangerie.   sortir

Ensuite tous les quatre _____¹⁶ dans le   monter

bus pour aller en ville. Quelle jeunesse!!

M. Bonsens: Mais Mme Pipelette, si elles _____¹⁷   rentrer

avant 22 heures, ce n'est pas un drame.

Mme Pipelette: Comment, pas un drame?... Elles _____   revenir

_____¹⁸ vers 21 heures, d'accord. Mais qu'est-ce que

j' _____¹⁹ quand ils _____²⁰   voir, descendre

du bus...? Les garçons _____²¹   embrasser

les jeunes filles.

M. Bonsens: C'est normal; ils _____²²   tomber

amoureux de (sich verlieben) ces jeunes filles. A notre époque,

c'était (war es) la même chose!

Mme Pipelette: Ah, M. Bonsens, je ne vous comprends pas.

Au revoir!

M. Bonsens: Mais madame! Mme Pipelette, vous _____   ne rien acheter

_____²³.

| 23 points

5 Das Adverb
L'adverbe

Im bisherigen Französischunterricht hast du schon einige Adverbien kennengelernt. Vielleicht ist dir aufgefallen, dass viele einfache Adverbien ihren Platz meist nach dem konjugierten Verb haben – in zusammengesetzten Zeiten also nach der konjugierten Form von *aller, avoir* oder *être*.

beaucoup	sehr	Il parle **beaucoup**.
trop	zu viel	Ils ont **trop** mangé.
toujours	immer	Elle est **toujours** rentrée à 15 heures.
encore	noch	Il reste **encore** des crêpes.
vite	schnell	Elle prend **vite** une douche.
tout de suite	sofort	Cloclo, rentre **tout de suite** du balcon!
bien	gerne, recht	J'aime **bien** écouter de la musique.
	sehr, gut	Yves travaille **bien** à l'école.
souvent	oft	Je suis **souvent** chez une copine.
		Je ne suis pas **souvent** chez ma mère.*

*Im verneinten Satz folgt das Adverb unmittelbar auf die Verneinungspartikel.

Adverbien der bestimmten Zeit und des Ortes stehen dagegen meist am Anfang oder am Ende des Satzes. Dazu gehören:

maintenant	nun	**Maintenant**, on va faire une boum.
alors	also, nun	**Alors**, on y va?
tout à coup	plötzlich	**Tout à coup**, j'entends un bruit.
là-bas	dahinten, dort	Tu vois la blonde **là-bas**?

Das Adverb *très* steht immer vor dem Adjektiv oder Adverb, zu dem es gehört. Auch *bien* kann zu einem Adjektiv oder Adverb gehören und hat dann dieselbe Stellung.

très	sehr	C'est un **très** bon joueur.
bien	gerne, recht	Il est **bien** fatigué.
	sehr, gut	On nous a servi ce plat **bien** chaud.

Achtung bei *peut-être*! Hier gehst du auf Nummer sicher, wenn du den Platz nach dem konjugierten Verb wählst; denn bei der Anfangsstellung darfst du auf keinen Fall das *que* oder *qu'* vergessen.

| peut-être | vielleicht | Il est **peut-être** à la maison. |
| | | **Peut-être qu'**il est à la maison. |

1 Magali et Brigitte – des copines inséparables (unzertrennlich)
Setze in die folgende Übung alle Adverbien sinngemäß richtig ein.

toujours	très (3x)	souvent (2x)	bien
encore (2x)	trop	maintenant	tout de suite
vite	alors (2x)	tout à coup	peut-être

1. Magali et Brigitte sont *souvent* ensemble.

2. Elles ont _____ quelque chose à se raconter.

3. Pendant les cours, par exemple, le professeur les dispute (ermahnt) _____.

4. *Alors*, elles arrêtent (aufhören) _____ de parler.

5. Mais cinq minutes après, elles ont _____ quelque chose à se dire.

6. Le professeur: «Magali et Brigitte, écoutez, vous parlez _____.

7. Je suis *très* fâché avec vous.

8. _____, je vais téléphoner à vos parents.»

9. Après le cours, Brigitte dit à Magali: «Ecoute, je vais _____ rentrer pour expliquer cette histoire à ma mère.»

10. Magali: «Je pense que ta mère va comprendre. Mais chez moi, c'est difficile. Ma mère est _____ sévère (streng).»

11. Brigitte propose: «_____, attends _____ un peu. Le prof ne téléphone _____ pas aujourd'hui.»

12. A la maison, Magali raconte à sa mère: «Maman, j'ai _____ travaillé. M. Rioux est _____ content de moi.»
    La mère: «Moi aussi, je suis contente.»

13. _____, le téléphone sonne…

2 Le petit traducteur
Achtung, jetzt wird gemischt: Sätze im Präsens und im Perfekt.
Achte auf die Stellung des Adverbs.

1. M. Bonsens hat das Problem schnell verstanden.

2. Cloclo ist allein zu Hause; ihre Eltern sind noch im Theater.

3. Frédo hat viel gearbeitet in diesem Jahr.

4. Nun hat er gute Noten.

5. Yves hat oft mit dem Computer gespielt (jouer à l'ordinateur).

6. Aber er hat nicht oft seine Freunde getroffen.

7. Vielleicht werden die Großeltern von Brigitte während der Sommerferien kommen. (Benutze das *futur composé*.)

6 Der indefinite Begleiter *tout*
Le déterminant indéfini «tout»

Brigitte a mangé **tout** le gâteau.	... den **ganzen** Kuchen
Frédéric a dormi **toute** la journée.	... den **ganzen** Tag
Il n'y a pas de solutions (Lösungen) à **tous** les problèmes.	... für **alle** Probleme
Il y a des embouteillages (Staus) dans **toutes** les villes.	... in **allen** Städten

Bei der Verwendung des indefiniten Begleiters *tout* musst du auf seine Bedeutung, auf seine Stellung und auf die Angleichung an das zugehörige Nomen achten.

- Die Bedeutung:

  Singular → tout, toute – ganz
  Plural → tous, toutes – alle

Vergleiche auch folgende geläufige Redewendungen:
tout le temps – die ganze Zeit   tous les deux – alle beide

- Die Stellung:

  tout
  toute
  tous   + Artikel + Nomen
  toutes

- Außerdem musst du *tout* dem Geschlecht und der Anzahl des Nomens angleichen, auf das es sich bezieht.

	♂	♀
Singular	**tout** le gâteau	**toute** la journée
Plural	**tous** les problèmes	**toutes** les villes

1 Clochard était seul à la maison…
Kater Clochard musste allein zu Hause bleiben. In der Küche hat er alles durcheinandergebracht.
Setze sowohl die verschiedenen Formen von *tout* als auch den richtigen Artikel ein.

Clochard a ouvert _toutes les_ armoires[1], il a grignoté (geknabbert)

_____ fruits[2]. Il a mangé _____ fromage[3] et bu

_____ lait[4]. Il a renversé (umgekippt) _____ tasses[5]. Il a

aussi déchiré (zerrissen) _____ serviettes de cuisine[6] et

_____ journaux[7]. En plus, il a renversé _____ poubelle[8]

(f, Mülleimer) et il a cassé _____ vaisselle' (f, Geschirr). Et puis,

_____ famille[10] est rentrée à la maison.

Nun noch ein paar Besonderheiten:

> Le grand-père a invité **tous ses** amis.
> Regarde **tous ces** gâteaux.
>
> Il a offert du champagne **à tout** le monde.
> Magali a fait une photo **de tous** les invités.

Tout kann außer mit einem Artikel auch kombiniert werden:
- mit anderen Begleitern (Possessivbegleiter, Demonstrativbegleiter)
- und mit Präpositionen. Aber Achtung: keine Verschmelzung!

> **Tout le monde** est arrivé en retard.   **Alle** sind zu spät angekommen.

Obwohl *tout le monde* im Deutschen oft mit „alle" übersetzt wird, steht es wie „jedermann" in der Einzahl, entsprechend dem Nomen *le monde*.

> Yves a **tout** compris.   Yves hat **alles** verstanden.

Hier hat *tout* die Bedeutung von „alles" und steht ohne Artikel und Nomen – es bleibt unverändert.

2 Magali a tout expliqué, mais Rolf n'a rien compris.
Magali hat für Rolf Sätze mit *tout* vorbereitet, aber er hat die Lücken nicht füllen können.

1. Après cette boum, je vais dormir _____ journée.
2. Yves a parlé _____ amis et il a dansé _____ temps avec les autres, mais pas avec Katrin.
3. _____ dit une phrase en allemand.
4. Je n'ai pas encore _____ vu de Paris, _____ curiosités, _____ quartiers.
5. Il faut rester _____ année.
6. J'ai déjà fait une photo _____ amis français.

den ganzen
mit allen seinen
die ganze
alle haben
alles
alle seine (2x)
ein ganzes
von allen meinen

Test

I Le petit traducteur

1. Brigitte und Yves haben <u>alle ihre</u> Freunde eingeladen.

_____

2. <u>Alle</u> haben etwas mitgebracht.

_____

3. Sie haben <u>alle</u> Flaschen geleert (vidé) und <u>alles</u> gegessen: <u>alle</u> Salate, <u>alle</u> Nachspeisen und <u>das ganze</u> Brot.

_____

_____

_____

4. <u>Die ganze</u> Nacht haben sie Musik gehört und getanzt.

_____

_____

5. Die Eltern haben <u>allen</u> Nachbarn (voisins) erklärt, dass <u>alle beide</u> (alle zwei), Brigitte und Yves, ihren Geburtstag zusammen feiern.

_____
_____
_____

Ein Punkt für jedes richtig eingesetzte *tout*.

10 points

7 Der Teilungsartikel
L'article partitif

A Bildung und Verwendung des Teilungsartikels
B Teilungsartikel und Mengenangaben
C Ausnahmeregeln

A Bildung und Verwendung des Teilungsartikels

J'achète	**des** tomates, **des** pêches, **des** pommes	et	**du** fromage, **de la** confiture, **de l'**ail (Knoblauch).
Ich kaufe	Tomaten, Pfirsiche, Äpfel	und	Käse, Konfitüre, Knoblauch.

Sicher ist dir aufgefallen, dass bei einer so ungenauen Angabe wie „Salat" oder „Äpfel" im Französischen auch ein Artikel steht.

Bei Dingen, **die zählbar sind**, steht der unbestimmte Artikel Plural.	Bei Dingen, **die nicht zählbar sind**, steht der Teilungsartikel.
des tomates **des** pêches **des** pommes	de + le = du **du** fromage de + la = de la **de la** confiture de + l' = de l' **de l'**ail
unbestimmter Artikel Plural	**Teilungsartikel**

Beim Teilungsartikel besteht die Vorstellung, dass von einer gesamten Menge (z. B. von Käse) ein bestimmter Teil genommen wird.

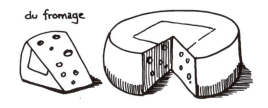

Auch bei Begriffen, die keine Lebensmittel bezeichnen, besteht die Vorstellung von einem Anteil eines Ganzen.

J'ai du courage.   le courage   Yves fait du foot.   le foot

J'ai de la force. la force   Frédo fait du piano.   le piano

J'ai de l'argent. l'argent   Magali fait de la natation.   la natation

Der Teilungsartikel wird also benutzt
- für die Bezeichnung einer unbestimmten Menge von Dingen, die nicht zählbar sind,
- bei abstrakten Begriffen, bei denen die Vorstellung eines unbestimmten Anteils besteht,
- bei der Konstruktion *faire* + Aktivität.

1 Brigitte fait un régime (Diät).
   Voilà son plan pour deux semaines.

Le matin,
Brigitte prend _____   pain gris

et _____.   margarine *f*

Elle boit _____   café sans sucre

et elle fait _____.   jogging

A midi,
elle mange _____   poisson *m* (Fisch)

et _____.   salade

Elle boit _____.   eau minérale

Une heure après, elle fait _____.   natation

Le soir,
Brigitte mange _____,   yaourt

elle boit _____   thé noir

et elle fait _____.   danse

Vers 23 heures,
Brigitte prend _____   jus de fruits

et elle fait _____.   yoga *m*

Après 15 jours:

B Teilungsartikel und Mengenangaben

Wenn man nun einen Gegenstand oder einen abstrakten Begriff mengenmäßig **genauer** bezeichnen will, benutzt man:

• Zahlwörter	**une** salade **deux** melons …	
• genaue Mengen- angaben	**une gousse** (Knolle) **d'**ail **un kilo de** tomates **un litre de** lait	
• allgemeinere Mengen- angaben	**beaucoup d'**argent **assez de** sucre **peu de** beurre	Nach diesen Mengenangaben steht nur **de**. Ein Artikel entfällt hier.
• die „Nullmenge"	ne … **pas de** courage ne … **plus d'**argent ne … **jamais de** sucre	

2. Au café du marché
Im Café am Markt hört man viele Gespräche – allerdings etwas unvollständig.
Setze die richtigen Artikel, Teilungsartikel, Zahlwörter oder Mengenangaben ein.

Eh bien, moi, je préfère faire _____ jogging.

En ce moment, je fais _un_ régime.

Bon, après les courses, je peux prendre un verre _____ blanc (Weißwein).

Ah non, moi, je prends seulement _____ eau minérale.

Vous prenez _____ glace ou _____ fromage?

Moi, je prends _____ fromage.

Je mange _____ glace à la vanille.

C Ausnahmeregeln

Es gibt aber auch Fälle, in denen die bisher genannten Regeln nicht gelten.

- Bei Verallgemeinerungen und nach den Verben *aimer* und *préférer* steht der bestimmte Artikel.

L'alcool est un danger, quand on prend la voiture. **La salade** est bonne pour la santé. Moi, j'aime bien **la salade**. Non, je **n'aime pas la salade**, je préfère **le melon**.	**Alkohol** ist eine Gefahr, wenn man mit dem Auto fährt. **Salat** ist gut für die Gesundheit. Ich mag gerne **Salat**. Ich mag keinen **Salat**, ich bevorzuge **Melone**.

In diesen Sätzen geht es nicht um einen unbestimmten Anteil, sondern um den Gegenstand im Allgemeinen. Soll ein Satz so eine Verallgemeinerung ausdrücken, dann wird das im Französischen durch den bestimmten Artikel ausgedrückt (*le, la, l', les*) – und das auch bei der Verneinung.

- Nach *sans* steht kein Begleiter.

> Je mange le melon **sans sucre**.
> Je bois le thé **sans lait**.

Sans verträgt sich mit gar keinem Artikel. Hier bleibt das Nomen ohne Begleiter.

- Im Gegensatz dazu verlangt *avec* in der Regel den Teilungsartikel.

> J'aime les crevettes **avec de la** mayonnaise.

- Bei *avoir faim, avoir soif, avoir peur* steht kein Begleiter.

> Après le sport, Brigitte **a faim** et Yves **a soif**.
> Clotilde est seule à la maison, alors elle **a peur**.

Die Wendungen *avoir faim/soif/peur* sind so eng miteinander verbunden, dass die Nomen hier keinen Begleiter benötigen.

3 Tout le monde est à table.
   Bilde aus den Notizen vollständige Sätze. Überlege, welche Art von Begleiter du einsetzen musst.

1. Je _____   prendre encore/ un peu/viande

2. Je _____   ne pas/aimer/ riz

3. _____ riz _____   riz/être bon/ santé

4. Je _____   préférer/ pommes de terre

5. _____   avec/sauce/?

6. Est ce-qu'on _____   écouter/ musique/?

7. Je _____   ne pas/aimer/ musique classique/!

8. Est ce-qu'on _____   manger/crêpes/ après?

9. Je _____   préférer/crêpes/ sucre/sans

10. Comment est-ce _____   - comment/crêpes/
                                                                   - faire/?
11. _____   - avec/farine/
    _____   - beurre/œufs

12. Je _____ parce que   - ne plus/vouloir
    j'ai _____ crêpes.   - anger/dessert/
                                                                   - avoir mangé/
                                                                   - trop/crêpes

Test

I Rolf et Magali font les courses chez l'épicier, M. Bonsens.
Unterstreiche bei den folgenden Sätzen die richtige Form.

1. D'abord, ils achètent	un beurre du beurre le beurre de beurre	et un pot	de la confiture. la confiture. de confiture. une confiture.
2. Ensuite, ils prennent trois sortes	le fromage de fromage un fromage du fromage	et deux	de baguettes. les baguettes. des baguettes. baguettes.
3. Magali aime aussi	les croissants des croissants croissants de croissants	avec	un chocolat. du chocolat. le chocolat. de chocolat.
4. Rolf: M. Bonsens, est-ce que vous avez	des cigarettes? les cigarettes? cigarettes? de cigarettes?		
5. M. Bonsens: Vous savez très bien que je n'ai jamais	les cigarettes cigarettes de cigarettes des cigarettes	parce que	du tabac le tabac un tabac tabac	n'est pas bon pour la santé!
6. M. Bonsens: Moi, je préfère	du vin rouge, un vin rouge, de vin rouge, le vin rouge,	un verre de	vin rouge de vin rouge du vin rouge à vin rouge	est bon pour la santé.
7. Magali: Ah lala, Tous ces drogués !! Moi, je peux vivre (leben) sans	alcool l'alcool de l'alcool un alcool	et je ne fume pas	des cigarettes. de cigarettes. cigarettes. les cigarettes.	

13 points

II Le petit traducteur

1. Brigitte betrachtet das Schaufenster (étalage *m*) mit Anoraks und Mänteln.

2. Um Fisch (poisson *m*) zuzubereiten, braucht man Zitronensaft.

3. Während der Ferien sind viele Touristen am Meer (au bord de la mer).

4. In Italien (en Italie) gibt es Brot ohne Salz.

5. Ich bevorzuge Brot mit Salz.

6. Yves macht Sport und Frédo macht Musik.

7. Cloclo fragt Frédo: Hast du ein bisschen Geld für mich?

8. Katrin mag gerne Tomatensalat.

9. Magali erklärt: Ich habe Mut, selbst wenn (même si) ich Angst habe.

Zwei Punkte pro Satz – ein Punkt Abzug pro Fehler. | 18 points

8 Verben mit Stammerweiterung
Les verbes en -ir du type «finir»

A Verben auf *-ir* mit Stammerweiterung
B Der Verbtyp *connaître*

A Verben auf *-ir* mit Stammerweiterung

Verben, die auf *-ir* enden (z. B. *dormir*), hast du ja bereits kennengelernt. Die folgende Gruppe von Verben wird dir auch keine Schwierigkeiten bereiten, sobald du das Prinzip verstanden hast.

finir (beenden)

Präsens:	Je	fini **s**	ma lettre.
	Tu	fini **s**	tes devoirs?
	Elle/Il	fini **t**	son repas.
	Nous	fini **ss ons**	de nettoyer l'appartement.
	Vous	fini **ss ez**	de lire de roman.
	Elles/Ils	fini **ss ent**	de parler de leur voyage.

↓
Stamm**erweiterung**

Perfekt:	J'ai	fini	ma lettre.

Genauso werden konjugiert:

remplir (füllen, ausfüllen)   Remplissez la bouteille.
choisir (wählen)   Choisissez votre dessert.
réfléchir (nachdenken)   Réfléchissez avant de commencer.
ralentir (verlangsamen)   Ralentissez dans les virages (Kurven).

1 Zunächst eine einfache Übung. Fülle die folgende Tabelle auf.

Infinitiv	choisir	_____
je	_____	remplis
tu	_____	_____
elle/il	choisit	_____
nous	_____	_____
vous	_____	_____
elles/ils	_____	_____
Perfekt	_____	avoir rempli
Infinitiv	réfléchir	ralentir
je	_____	_____
tu	_____	ralentis
elle/il	_____	_____
nous	_____	_____
vous	réfléchissez	_____
elles/ils	_____	_____
Perfekt	_____	avoir ralenti

Erinnerst du dich noch an die Verben auf *-ir* im ersten Band? Verwechsle sie nicht mit den Verben mit Stammerweiterung. Hier ist noch einmal eine Erinnerungsstütze.

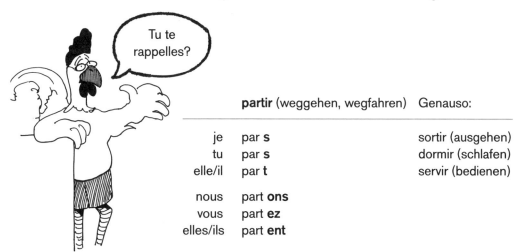

Tu te rappelles?

	partir (weggehen, wegfahren)	Genauso:
je	par **s**	sortir (ausgehen)
tu	par **s**	dormir (schlafen)
elle/il	par **t**	servir (bedienen)
nous	part **ons**	
vous	part **ez**	
elles/ils	part **ent**	

Jetzt kommt eine Übung, in der beide auf *-ir* endenden Verbtypen – mit und ohne Stammerweiterung – gemischt werden.

2 Cloclo et les verbes

Cloclo ist ja noch klein und macht bei den Verben manchmal noch Fehler. Du kannst ihre Fehler sicher korrigieren.

verbes conjugués	correct	faux	corrigé
1. je sortis	☐	☒	je sors
2. ils remplissent	☐	☐	_____
3. tu fins	☐	☐	_____
4. nous dormons	☐	☐	_____
5. elle choix	☐	☐	_____
6. vous partiez	☐	☐	_____
7. nous réfléchons	☐	☐	_____
8. elles finirent	☐	☐	_____
9. vous ralentissez	☐	☐	_____
10. tu dormis	☐	☐	_____
11. nous sortissons	☐	☐	_____

B Der Verbtyp *connaître*

Diese Sorte von Verben unterscheidet sich nicht sehr von der vorher behandelten Gruppe; auch sie weist eine Stammerweiterung auf sowie bei der 3. Person Singular ein ^ auf dem *i*.

connaître (kennen)

Präsens:	je	connai **s**	
	tu	connai **s**	
	elle/il	connaî **t**	^
	nous	connai **ss ons**	ss
	vous	connai **ss ez**	ss
	elles/ils	connai **ss ent**	ss
		↓	
		Stamm**erweiterung**	

Perfekt: j'ai   connu

Attention!

Genauso werden konjugiert:

paraître (scheinen)   Il paraît qu'il a oublié son manteau.
apparaître (erscheinen)   Les acteurs (Schauspieler) apparaissent sur scène.

3 On joue aux dés.
   Yves, Frédo und Rolf spielen ein Würfelspiel.
   Yves würfelt für das Verb *connaître*,
   Frédo für das Verb *paraître*,
   Rolf für das Verb *apparaître*.

   ⚀ = 1. ⎫   ⚁ = 1. ⎫
   ⚁ = 2. ⎬ Person Singular   ⚄ = 2. ⎬ Person Plural
   ⚂ = 3. ⎭   ⚅ = 3. ⎭

   Premier tour:
     1. Rolf   ⚅   = _____
     2. Frédo ⚁   = _____
     3. Yves   ⚂   = _____

   Deuxième tour:
     4. Frédo ⚀   = _____
     5. Yves   ⚁   = _____
     6. Rolf   ⚂   = _____

   Troisième tour:
     7. Frédo ⚁   = _____
     8. Rolf   ⚄   = _____
     9. Yves   ⚂   = _____

   Quatrième tour:
    10. Yves   ⚀   = _____
    11. Frédo ⚅   = _____
    12. Rolf   ⚁   = _____

   Qui a gagné?   _____

Test

I On sort ce soir?

Unsere Freunde wissen nicht so recht, was sie am Freitagabend tun sollen, aber dann haben sie doch eine Idee.
Deine Aufgabe ist es, die folgenden Verben sinngemäß einzusetzen und richtig zu konjugieren.

finir (2x)   choisir   dormir (2x)   réfléchir (2x)   sortir (2x)
partir (2x)   connaître (2x)   reconnaître (wiedererkennen)   apparaître
paraître   remplir   ouvrir (2x)

Yves: Et qu'est-ce qu'on fait ce soir? Regarder la télé? Il y a le tour de France. On va _connaître_ ¹ le vainqueur (Sieger) de la cinquième étape.

Frédo: Ah non, je n'aime pas le tour de France. Les filles, vous _____² un peu?

Katrin: Moi, je _____³ ma lettre et puis je vais au lit, j'ai envie de _____⁴.

Brigitte: Alors, on _____⁵ ce soir?

Magali: D'accord, mais où? Attendez, je _____⁶ un peu. Dans une discothèque, peut-être.

Rolf: Mmh, vous _____⁷ une discothèque pas trop chère?

Brigitte: Il _____⁸ que la discothèque «Fièvre Jaune» n'est pas mal. Elle _____⁹ déjà à 21 heures.

Yves: Alors, on _____¹⁰ vers 20 heures. Avant, je peux regarder encore le tour de France.

Magali, Brigitte et Katrin: Et nous _____¹¹ ce que nous allons mettre.

Cloclo: Moi, je fais dodo (ich gehe schlafen) et vous, vous ne _____¹² pas?

Frédo: Mais non, Cloclo, pas encore. D'abord, on va _____ 13.

Cloclo: Tu me _____ 14 mon verre, Frédo; la nuit, j'ai toujours soif.

A 20 heures.

Rolf: Eh bien les filles, on peut _____ 15?

Yves: Ah, elles ne _____ 16 jamais à temps leurs préparatifs (Vorbereitungen).

Tout à coup, on _____ 17 la porte. Trois jeunes dames _____ 18. Rolf ne _____ 19 même pas sa Magali.

| 18 points |

9 Infinitivkonstruktionen mit Präposition
L'infinitif avec préposition

A Infinitivkonstruktionen mit *de*
B *être en train de faire qc* und *venir de faire qc*
C Infinitivkonstruktionen mit *à*

Wie du schon in den Kapiteln 1 und 2 gesehen hast, werden manche Verben durch den Infinitiv eines weiteren Verbs ergänzt. Du weißt bereits, dass nach folgenden Verben der Infinitiv **ohne** Präposition angeschlossen wird:

- nach den Modalverben (*vouloir, pouvoir, savoir, devoir*)
- nach den Verben *préférer faire qc* und *aimer faire qc*
- beim *futur composé* nach dem Verb *aller*

> Tu **peux venir** chez moi demain?
> Je **préfère boire** un thé.
> Nous **allons faire** un voyage.

In diesem Kapitel geht es nun um Infinitivkonstruktionen, die die Präposition *de* oder *à* erfordern.

A Infinitivkonstruktionen mit *de*

Es gibt eine Reihe von Verben und Redewendungen, bei denen der Infinitiv durch die Präposition *de* angeschlossen wird.

> J'ai envie **d'aller** chez toi, mais malheureusement,
> je n'ai pas le temps **de sortir**.

Diese Verben und Redewendungen lassen sich nicht eindeutig einteilen. Du musst sie also auswendig lernen.

Die folgenden Infinitivkonstruktionen mit *de* solltest du inzwischen kennen und beherrschen:

avoir envie de faire qc	Lust haben, etw. zu tun
avoir besoin de faire qc	etw. tun müssen
avoir peur de faire qc	Angst haben, etw. zu tun
avoir le temps de faire qc	Zeit haben, etw. zu tun

être content de faire qc	zufrieden sein, etw. zu tun
être triste de faire qc	traurig sein, etw. zu tun
être dangereux de faire qc	gefährlich sein, etw. zu tun
essayer de faire qc	versuchen, etw. zu tun
proposer de faire qc	vorschlagen, etw. zu tun
rêver de faire qc	davon träumen, etw. zu tun
oublier de faire qc	vergessen, etw. zu tun
décider de faire qc	beschließen, etw. zu tun
dire à qn de faire qc	jemandem sagen, etw. zu tun

1 Qu'est-ce qu'ils ont envie de faire?
  Schau dir das Bild einmal an und schreibe auf, was unsere Freunde tun wollen.

1. Mireille a envie de jouer avec l'ordinateur.
2. Robert a envie _____ la télé.
3. Magali _____ livre.
4. Frédéric _____.
5. Yves _____.
6. Brigitte _____.
7. Et Clotilde _____.

On joue avec l'ordinateur?

Non, Mireille, on regarde la télé.

B *être en train de faire qc* und *venir de faire qc*

Auch diese beiden Infinitivkonstruktionen erfordern die Präposition *de:*

    être en train de faire qc   –   dabei sein, etwas zu tun
    venir de faire qc   –   gerade etwas getan haben

Ähnlich wie im *futur composé* etwas Zukünftiges mit *aller faire qc* ausgedrückt wird, so werden diese beiden Wendungen für die Verlaufsform bzw. die unmittelbare Vergangenheit gebraucht.

- *Etre en train de faire qc* (gerade dabei sein, etwas zu tun) drückt aus, dass ein Vorgang gerade stattfindet, dass etwas gerade geschieht.

Paul, tu m'aides?	Paul, hilfst du mir?
Maman, une minute,	Eine Minute, Mama, ich bin gerade dabei,
je suis en train de faire mes maths!	meine Matheaufgaben zu machen.

- *Venir de faire qc* (gerade etwas getan haben) drückt aus, dass ein Vorgang gerade abgeschlossen wurde.

| Frédéric est là? | Ist Frédéric da? |
| Oui, **il vient de rentrer**. | Ja, er ist gerade zurückgekommen. |

Wie bei allen anderen Infinitivkonstruktionen stehen die Objektpronomen auch hier vor dem Infinitiv.

| Les enfants, vous pensez à fermer **les fenêtres**? |
| Mais, nous venons de **les** fermer. |

Sicherlich hast du mit diesen Sätzen keine Probleme gehabt. Machen wir also weiter.

Bei der nächsten Übung musst du überlegen, ob die folgenden Verben mit Infinitivergänzung die Präposition *de* erfordern oder nicht.

2 La maladie d'amour

Vervollständige diesen Text mit den passenden Verben. Überlege dir zunächst, welche Verben die Präposition *de* erfordern.

être heureuse ___?	oublier ___?	rêver ___?
ne pas pouvoir ___?	aller ___? (2x)	ne pas avoir le temps ___?
ne pas avoir envie ___?	dire ___?	être triste ___?

Depuis quelques semaines, Magali est bizarre (seltsam).

Elle met une chaussure noire et une autre marron.

Elle _____¹ faire ses exercices. Elle n'a plus de tête.

Elle _____² se concentrer en cours.

A la maison, ce n'est guère mieux (ist es kaum besser):

Quand sa mère lui _____³ l'aider, elle n'écoute pas. Rien ne l'intéresse:

elle _____⁴ rire avec ses copains, elle

_____⁵ sortir avec eux parce qu'elle écrit à Rolf

pendant des heures et quand elle n'écrit pas, elle reste à côté du téléphone.

Tous les jours, elle descend la première à la boîte à lettres: elle

_____⁶ avoir une lettre de Rolf. Souvent, elle

_____⁷ ne rien trouver pour elle. Mais aujourd'hui, elle

plane (fühlt sich wie im siebten Himmel)! C'est samedi et Rolf _____⁸ lui

téléphoner.

Ça y est! Sa mère l'appelle au téléphone! Enfin, elle _____⁹ entendre la

voix (Stimme) de Rolf! Elle est _____¹⁰ lui parler! Elle se

dépêche, elle court (rennt) et patatras (rums), elle tombe sur l'appareil et la communi-

cation (Verbindung) est coupée!

3 Qu'est-ce qu'ils sont en train de faire?
  Betrachte diese beiden Bilder und schreibe auf, worin die Unterschiede bestehen.

Vokabelhilfe

filmer – filmen
courir après – hinter etw. herrennen
jouer au volley – Volleyball spielen
prendre une photo – ein Foto machen
faire du vélo – Fahrrad fahren
conduire une auto – ein Auto steuern

1. Sur la première image, la vieille dame est en train de téléphoner.
   Sur la deuxième, elle est en train d'attendre le bus.

2. Le monsieur est _____

   Il _____

3. Le chien _____
   _____

4. La dame sur le banc _____
   _____

5. La petite fille sur le banc _____
   _____

6. Les garçons _____
   _____

7. Le facteur _____
   _____

4 Que sont-ils en train de faire? Que viennent-ils de faire? Que vont-ils faire?
Ergänze die folgenden Sätze, indem du die richtige Zeitangabe *être en train de …*;
venir de …; *aller …* und das passende Verb einsetzt.

| se coucher | préparer | pleuvoir | réparer (2x) | écrire | sortir |

1. Monique est à son bureau. Elle *est en train de préparer* un test de maths pour demain. Ne la dérange (stören) pas.

2. Nous sommes très fatigués. Nous _____ dans cinq minutes.

3. Non, Frédéric n'est plus là. Il _____ il y a un quart d'heure.

4. Yves et Frédéric sont dans la cour. En ce moment, ils _____ le vélo d'Yves.

5. Ça y est! Tu peux à nouveau écouter des cassettes: je _____ ton baladeur et il marche!

6. Les enfants, aujourd'hui vous _____ une lettre à tante Amélie.

7. Prenez un parapluie. Il _____ sûrement (sicher) _____.

C Infinitivkonstruktionen mit à

Bei einigen anderen Verben muss die Infinitivergänzung mit der Präposition à angeschlossen werden. Hier sind es wenige Verben, die du dir merken musst.

Folgende Infinitivkonstruktionen erfordern die Präposition à:

penser à faire qc	daran denken, etw. zu tun
commencer à faire qc	anfangen, etw. zu tun
avoir qc à faire	etw. zu tun haben
inviter à faire qc	einladen, etw. zu tun
continuer à faire qc	fortfahren, etw. zu tun
apprendre à faire qc	lernen, etw. zu tun
aider qn à faire qc	jdm. helfen, etw. zu tun

Encore un effort!

Nun wollen wir sehen, ob du sie von den anderen unterscheiden kannst.

5   Une lettre de Rolf à Magali
    Endlich ist es so weit! Magali hat einen Brief von Rolf bekommen. Er hat sogar auf Französisch geschrieben. Wie du sehen wirst, hapert es aber noch bei den Präpositionen, den Infinitivkonstruktionen und bei der Stellung der Pronomen. Lies dir den Brief durch und korrigiere seine Fehler.

Ma chère Magali,

Aujourd'hui, j'ai enfin le temps d'écrire toi.[1] _____

D'abord, je dois te dire que j'ai été très content à trouver ta lettre ce matin.[2] _____

Je la viens de lire.[3] _____

J'ai essayé de te téléphoner il y a trois jours et j'ai pu parle avec ta maman, mais tout d'un coup, plus rien.[4] _____

J'ai essayé de refaire ton numéro, mais toujours rien.[5] _____

Est-ce que ton téléphone est cassé?[6] _____

Il commence de faire chaud à Berlin.[7] _____

Aujoud'hui, il fait 29° et nous avons «hitzefrei».[8] _____

(Au fait, qu'est-ce que c'est en français?)[9] _____

Alors, nous n'avons pas beaucoup envie de travaille.[10] _____

Mais les profs ne voulent rien savoir: nous avons toujours beaucoup de devoirs de faire.[11] _____

Moi, je rêve de me promener dans Paris avec vous (et avec toi).[12] _____

Vous avez de la chance d'être déjà en vacances.[13] _____

Est-ce que Brigitte aime toujours de manger des gâteaux?[14] _____

Bises Rolf

P.S.: Tu penses de m'envoyer (schicken) les photos de la Géode?[15] _____

6 Complète les explications de Magali.
Wie du gesehen hast, hat Rolf noch einige Probleme mit der französischen Sprache. Magali ihrerseits hat auch Probleme mit der deutschen Sprache und mit ihrer Deutschlehrerin.

Franchement, je ne comprends pas du tout ma note en allemand. A Pâques, Rolf m'a invitée _____[1] passer deux semaines à Berlin. Avec lui, j'ai parlé allemand toute la journée et je n'ai pas eu peur _____[2] faire des fautes sur le génitif ou le datif. D'abord, même les Allemands font des fautes après «wegen»!

Alors … Mais, voilà, madame Meyer, ma prof ne veut rien _____[3] savoir! Pourtant, j'ai bien appris le vocabulaire, mais c'est vrai que je ne pense pas _____[4] apprendre l'article. Il faut _____[5] dire qu'il y a trois articles en allemand!

Test

I Rien ne va plus.
Complète le texte avec une préposition si nécessaire.

C'est la fin de l'année scolaire. Une triste fin pour Magali. Elle vient _____[1] apprendre qu'elle va _____[2] redoubler. Ce n'est pas vraiment une surprise pour elle. Elle n'a pas eu envie _____[3] travailler cette année et elle a souvent oublié _____[4] faire ses devoirs. En mai, elle a bien commencé _____[5] travailler un peu, mais trop tard.

Pourtant (und doch), à la maison, son père et sa mère lui ont bien dit _____⁶ se mettre enfin au travail.

Elle a essayé _____⁷ se concentrer en maths et en latin, mais elle n'a jamais aimé _____⁸ faire des maths. Elle préfère _____⁹ faire de la musique et du sport. Et le latin! Encore une idée de ses parents! Elle n'a jamais eu envie _____¹⁰ apprendre le latin! Franchement (ehrlich), est-ce qu'on a besoin _____¹¹ apprendre le latin à l'époque (im Zeitalter) des ordinateurs?

En plus, en physique, elle a eu une prof qui ne sait pas _____¹² expliquer! Essayez donc _____¹³ dire à un prof qu'il n'explique pas bien!

Maintenant, elle doit _____¹⁴ rentrer et elle a peur _____¹⁵ montrer ses notes à ses parents ...

Et elle est bien triste _____¹⁶ ne pas être avec Brigitte l'année prochaine.

| 16 points

II Le petit traducteur
Dein französischer Freund ruft dich an und will mit dir ins Kino gehen. Du sagst ihm:

1. Ich habe schon (bien) Lust, ins Kino zu gehen.

   _____

2. Aber ich habe keine Zeit auszugehen.

   _____

3. Ich habe noch Hausaufgaben zu erledigen.

   _____

4. Ich schlage dir vor, nach der Mathematikarbeit (composition de mathématiques *f*) den Film anzusehen.

   _____

   _____

Zwei Punkte pro Satz – ein Punkt Abzug pro Fehler.

| 8 points

10 Die unverbundenen Personalpronomen
Les pronoms personnels disjoints

Chez les Lecarpentier, il y a toujours du monde …

Yves sonne.
Frédo: Qui est-ce?
Yves: C'est **moi**.   2.
        Voilà, le disque compact de Renaud.
        Il est **à toi**, n'est-ce pas?   4.
        Tu as encore un autre disque **de lui**?   3.

Le téléphone sonne.
Rolf: Ah, c'est **elle**, peut-être.   2.

M. et Mme Lecarpentier fêtent leurs 25 ans de mariage. Tout le monde est dans le salon.
Mme Lecarpentier: Qui veut du champagne?
Frédo, Rolf et Cloclo: **Nous**!   1.
Mme Lecarpentier: Ah mais non! Pour **vous**,   3.
        j'ai du cidre.
Magali et Brigitte entrent avec un énorme gâteau.
Mme Lecarpentier à Frédo: Ça alors, ce sont
        elles qui ont fait ce gâteau?   2.

La fête commence, tout le monde danse, il y a beaucoup de bruit (Lärm).
Les voisins: Ce sont encore **eux**, les   2.
        Lecarpentier!

SINGULAR	
moi	
toi	
elle/lui	

PLURAL	
nous	
vous	
elles/eux	

Dir ist vielleicht aufgefallen, dass diese Pronomen nicht in unmittelbarer Verbindung mit einem Verb stehen. Deshalb nennt man sie die „unverbundenen Personalpronomen". Sie werden in folgenden Fällen verwendet:

1. in Äußerungen ohne Verb
2. nach *c'est/ce sont*:
   In Verbindung mit *nous* und *vous* wird die Singularform benutzt: *c'est*.
   In Verbindung mit *eux* und *elles* sind beide Formen möglich: *c'est* und *ce sont*.
3. nach Präpositionen (*de, pour, …*)
4. in Verbindung mit *être à*, um ein Besitzverhältnis oder eine Reihenfolge auszudrücken:
   La marchande au client: C'est **à vous**, monsieur? Le client: Oui, c'est **à moi**.

1 Setze das richtige Pronomen ein. Häufig musst du auch die passende Präposition oder den passenden Possessivbegleiter finden.

11 Die Relativpronomen
Les pronoms relatifs

A Das Relativpronomen *qui*
B Das Relativpronomen *que*
C Die Hervorhebungen *c'est ... qui/c'est ... que*
D Das Relativpronomen *où*

A Das Relativpronomen *qui*

Mit dem Relativpronomen *qui* kannst du unabhängige Hauptsätze miteinander zu einem Satzgefüge verbinden.

> Clotilde est une petite fille. Elle a les cheveux roux.
> Clotilde est une petite fille **qui** a les cheveux roux.
>
> «Danse avec les loups» est un film **qui** m'a beaucoup plu.

Im neuen Satzgefüge erkennst du einen Hauptsatz und einen Nebensatz (hier einen Relativsatz), der durch das Relativpronomen *qui* eingeleitet wird.
In diesem Relativsatz ist *qui* das Subjekt. Es vertritt Personen **und** Sachen aus dem Hauptsatz und steht unmittelbar neben seinem Bezugswort (hier: *une petite fille* und *un film*).
Das Relativpronomen *qui* ist unveränderlich und wird auch vor einem Vokal nicht apostrophiert.

Und auch dies solltest du dir merken:
Im Französischen steht **kein** Komma zwischen dem Haupt- und dem Nebensatz.

Im neuen Satzgefüge erkennst du also Folgendes:

> «Danse avec les loups» est un film **qui** m'a beaucoup plu.
> |_____| |_____|
>   Hauptsatz   Nebensatz
>
>   *qui* = Subjekt und vertritt
>   Personen und Sachen

1 Was passt hier zusammen? Verbinde den Haupt- und den Nebensatz.

1. Frédéric et Rolf sont des garçons
2. Brigitte est une fille
3. Yves est un copain de Frédo
4. «Danse avec les loups» est un film
5. Strasbourg est une ville
6. Clotilde est une petite fille

a) qui est près de l'Allemagne.
b) qui fait beaucoup de bêtises.
c) qui m'a beaucoup intéressé.
d) qui rêve du tour de France.
e) qui sont vraiment très sympathiques.
f) qui aime beaucoup les gâteaux.

1.	2.	3.	4.	5.	6.

Bis jetzt war es leicht. Nun ist die Satzstellung nicht immer so einfach. Man kann es durchaus auch mit solchen Sätzen zu tun haben:

> Clotilde, **qui aime bien faire des farces** (Streiche),
> fait sonner le réveil de son frère à trois heures du matin.
>
> Frédéric, **qui n'a pas aimé cette farce**, a jeté un verre d'eau à sa sœur.

Hier wird der Nebensatz eingeschoben und durch zwei Kommas eingeschlossen. Ohne eingeschobene Nebensätze (Relativsätze) hätten wir folgende unabhängige Hauptsätze:

> Clotilde fait sonner le réveil de son frère à trois heures du matin.
> Elle aime bien faire des farces.
>
> Frédéric a jeté un verre d'eau à sa sœur.
> Il n'a pas aimé cette farce.

Damit das neue Satzgefüge mit Haupt- und Nebensatz einen Sinn ergibt, muss das Relativpronomen *qui* neben seinem Bezugswort stehen (hier: *Clotilde* bzw. *Frédéric*). Man muss die Satzstellung also ändern, sonst ergäbe sich folgender sinnloser Satz:

> Clotilde fait sonner le réveil de son frère à trois heures du matin
> qui aime bien faire des farces.

Der Relativsatz wird daher vom Hauptsatz eingeschlossen.

> Clotilde, **qui aime bien faire des farces**, fait sonner le réveil…
> Hauptsatz   Relativsatz   Hauptsatz

2 Debout tout le monde!
In dieser Übung musst du überlegen, wo das Relativpronomen stehen muss.
Schreibe dann das neue Satzgefüge auf.

1. Clotilde décide de faire une farce à son frère.
   Elle a toujours beaucoup d'idées pour faire des bêtises.

   Clotilde, qui a toujours beaucoup d'idées pour faire des bêtises, décide de faire une farce à son frère.

2. Frédéric a programmé son réveil pour dix heures.
   Il aime bien dormir longtemps.

   _____
   _____

3. Clotilde s'ennuie seule.
   Elle est toujours debout à sept heures.

   _____
   _____

4. Elle cherche une farce.
   Cette farce doit mettre Frédo en colère (in Wut versetzen).

   _____
   _____

5. Elle entre dans la chambre de son frère.
   Il dort.

   _____
   _____

6. Elle prend le réveil.
   Il est programmé pour dix heures.

   _____
   _____

Et elle le programme pour sept heures!

B Das Relativpronomen *que*

Auch das Relativpronomen *que* leitet einen Nebensatz ein.

> «Danse avec les loups» est **un film que** Brigitte a vu deux fois.
>
> Gilles est **un animateur que** Magali aime beaucoup.

Anders als *qui* ist *que* im Relativsatz nicht Subjekt, sondern direktes Objekt (wen oder was?).
Auch *que* vertritt Personen und Sachen aus dem Hauptsatz und ist unveränderlich.
Vor einem Vokal und dem stummen *h* wird *que* allerdings apostrophiert.

C'est le disque compact **qu'**ils ont acheté.

Woran erkennst du nun, dass *que* eingesetzt werden muss?
Es ist ganz einfach. Du brauchst nur eine kleine Satzanalyse zu machen:

«Danse avec les loups» est **un film**	**qui**	passe dans tous les cinémas.
	Subjekt	Prädikat adv. Best.
Hauptsatz		Relativsatz

«Danse avec les loups» est **un film**	**que**	Brigitte a vu deux fois.
	dir. Objekt	Subjekt Prädikat adv. Best.
Hauptsatz		Relativsatz

Klarer Fall!
Im ersten Satz muss *qui* stehen, denn zu jedem
Prädikat (Verb) gehört ein Subjekt.
Im zweiten Satz ist Brigitte bereits als Subjekt
vorhanden – und ein Nebensatz kann nicht zwei
Subjekte haben. Also kommt hier nur *que* in Frage.

3 Kleine Satzanalyse

Untersuche die folgenden Satzgefüge nach dem vorgegebenen Beispiel.
a) Kennzeichne zuerst den Haupt- und Relativsatz.
b) Untersuche dann die Funktion der Satzglieder im Relativsatz.
c) Kennzeichne zuletzt das Bezugswort des Relativpronomens.

Hauptsatz | Relativsatz

1. Frédéric n'aime pas les farces que Clotilde lui fait.
                                       d.O.   S   i.O. P

2. Montre-moi le musée que nous allons visiter demain.

3. Comment s'appelle ce château que vous nous montrez aujourd'hui?

4. C'est une forêt qui est très belle.

4 Un drôle d'oiseau (Ein komischer Vogel)

Vervollständige den Text mit dem passenden Relativpronomen *qui* oder *que*.

Depuis quelques semaines, il y a un drôle de locataire (Mieter) _____¹ habite au cinquième étage.

Mme Saistout n'aime guère (wenig) ce nouvel habitant _____² ne dit jamais bonjour ou au revoir et _____³ n'a jamais de lettres! Pas normal, ça! Une personne normale reçoit (bekommt) des lettres, un journal, des visites. Et puis, porter des lettres ou des paquets, c'est un travail _____⁴ Mme Saistout aime bien faire. Comme cela, elle peut demander les timbres _____⁵ son fils n'a pas encore.

Et puis, au cinquième ou au sixième, il y a toujours un petit café ou un apéritif _____⁶ attendent Mme Saistout.

Alors, bizarre, bizarre (seltsam), ce monsieur sans courrier, sans journal, sans visites.

C Die Hervorhebungen *c'est ... qui/c'est ... que*

Sollen im Französischen einzelne Satzglieder hervorgehoben werden, so bedient man sich der Wendungen *c'est ... qui* oder *c'est ... que*.

> **C'est** moi **qui** ai téléphoné.
> **C'est** Yves **que** j'ai vu.
> **C'est** à Rolf **que** Magali écrit.
> **C'est** demain **que** nous partons.

Im Deutschen wird das entsprechende Satzglied nur durch die Betonung hervorgehoben.

- **Die Hervorhebung mit *c'est ... qui***

C'est ... qui wird benutzt, wenn das Subjekt hervorgehoben werden soll.

C'est **moi** qui **suis** au téléphone!	**Ich** bin es, die am Telefon ist!
Frédo, c'est **toi** qui range**s** la cuisine aujourd'hui.	Frédo, **du** räumst die Küche heute auf.
C'est **nous** qui pass**ons** vous prendre.	**Wir** holen euch heute ab.

Das Verb richtet sich hierbei nach dem Subjekt, das durch *c'est ... qui* hervorgehoben wird!

Auch im Plural benutzt man:

> **C'est** nous qui ...
> **C'est** vous qui ...

Nur bei der 3. Person Plural heißt es:

> Ce **sont** les enfants qui ...
> Ce **sont** eux qui ...
> Ce **sont** elles qui ...

5 Une dispute

Ergänze in den folgenden Sätzen die Hervorhebung. Denke daran, dass das Verb in die angegebene Zeit gesetzt werden muss und sich nach dem Subjekt richtet.

Frédéric: Clotilde, c'est toi *qui fais les courses* aujourd'hui.

(faire les courses/présent)

Clotilde: Ah, non! Pas question! C'est déjà moi _____

_____ au supermarché hier! (aller/passé composé)

La mère: Encore une dispute! Je vais vous mettre d'accord!

Aujourd'hui, c'est moi _____ pour vous.

(décider/futur composé)

Vous êtes en vacances, alors c'est vous _____

_____ la cuisine et _____

_____! (ranger/futur composé, faire les courses/futur composé)

Frédéric
et Clotilde: Ras le bol! C'est toujours nous _____

_____ en vacances! (devoir tout faire/présent)

- **Die Hervorhebung mit *c'est... que***

> **C'est** à Pierre **que** je téléphone.
> **C'est** ce journal **que** tu lis!
> **C'est** au cinquième **que** nous habitons.
> **C'est** à cette heure-là **que** tu rentres!
> **Ce sont** les abricots **que** nous avons pris au marché.

Soll das direkte Objekt, das indirekte Objekt oder eine adverbiale Bestimmung hervorgehoben werden, so wird die Wendung *c'est... que* verwendet – bzw. *ce sont... que* für die 3. Person Plural.

6 C'est ... qui où c'est ... que?
Wandle die folgenden Sätze um, indem du jeweils das unterstrichene Satzglied hervorhebst.

1. Ce matin, je suis arrivé.

   C'est ce matin que je suis arrivé.

2. Jean fait les courses.

   _____

3. J'ai téléphoné.

   _____

4. Il habite à Tunis.

   _____

5. Vous arrivez à Berlin à 20 heures.

   _____

6. Nous téléphonons à Mme Pipelette.

   _____

7. Rolf et Magali viennent nous chercher.

   _____

8. Nous allons chercher les grands-parents en voiture.

   _____

   _____

D Das Relativpronomen *où*

> Montre-moi **la rue où** tu habites.
> L'accident s'est passé **le jour où** je suis arrivé.

Du kennst *où* bereits als Fragepronomen im Sinne von „wo/wohin".

> **Où** est-ce que tu vas, Pierre?

Où ist zugleich ein Relativpronomen, das letzte, mit dem wir uns hier beschäftigen. Das Relativpronomen *où* leitet einen Relativsatz ein, der eine **örtliche oder eine zeitliche** Angabe enthält.

> Les enfants de Beyrouth jouent **dans des rues où** il y a des ruines.
> **Les jours où** il fait trop chaud, nous restons à la maison.

Die Relativpronomen sind für dich nun kein Geheimnis mehr – also schreiten wir sofort zur Praxis.

7 Wandle die folgenden Sätze um. Unterstreiche zuerst die Orts- oder Zeitbestimmungen des zweiten Hauptsatzes. Verbinde dann beide Sätze, indem du die Orts- oder Zeitbestimmung durch das Relativpronomen *où* ersetzt.

1. Voilà le grand magasin de Cherbourg. J'ai acheté mon parapluie <u>dans ce magasin</u>.
   Voilà le grand magasin de Cherbourg où j'ai acheté mon parapluie.

2. Je vais te montrer le théâtre. Je suis déjà allé dans ce théâtre!
   _____

3. Cela s'est passé un soir de vacances. Il y a eu un orage (Gewitter) ce soir-là.
   _____
   _____

4. Karin montre des photos. «Regardez la maison. Nous avons habité dans cette maison pendant cinq ans.»
   _____
   _____

Test

I   Les réflexions d'une concierge

Füge die Relativpronomen *qui, que* und *où* ein.

«Oui, … un drôle d'oiseau … Voilà donc un monsieur _____¹ ne reçoit (erhält) pas de courrier et _____² n'a pas de visite.

Je ne sais même pas _____³ il travaille. D'abord, est-ce qu'il travaille?

Il reste toujours ici. Le seul (einzig) moment _____⁴ il sort, c'est quand je fais le ménage chez Mme Lardoux.

Oui, c'est la seule sortie _____⁵ il fait de la journée.

Ensuite, c'est la seule personne de l'immeuble _____⁶ je ne connais pas: jamais un bonjour ou un apéritif! Un sauvage (Wilder)!

C'est peut-être une personne _____⁷ a peur … de la police et _____⁸ se cache chez nous. Oh la la! Un criminel chez nous!

C'est à mon amie Mme Pipelette _____⁹ je vais raconter tout cela.

C'est une collègue discrète _____¹⁰ va pouvoir comprendre.

Et expérimentée (erfahren) avec ça! Pensez donc, dans l'immeuble _____¹¹ elle est concierge, il y a dix étages.

Alors, elle a de l'expérience et elle a vu beaucoup de choses _____¹² elle ne peut pas raconter à tout le monde, sauf (bis auf) à moi, bien sûr.»

| 12 points

12 Die reflexiven Verben
Les verbes pronominaux

A Die reflexiven Verben im Präsens
B Die reflexiven Verben im *passé composé*
C Die reflexiven Verben im *futur composé*
D Reflexive Verben und Modalverben

A Die reflexiven Verben im Präsens

Reflexive Verben haben ein Reflexivpronomen
(rückbezügliches Fürwort) bei sich.
Dieses Reflexivpronomen gehört immer zu der
Person oder Sache, die das Subjekt des Satzes darstellt.

Je me cache.

Reflexivpronomen			Befehlsform
	se	cacher (sich verstecken)	
je	me	cache	
tu	te	caches	cache-toi
elle/il	se	cache	
nous	nous	cachons	cachons-nous
vous	vous	cachez	cachez-vous
elles/ils	se	cachent	

Hier nimmst du die betonte Form des Pronomens.

Im Gegensatz zum Deutschen steht das Reflexivpronomen im
Französischen vor dem konjugierten Verb. Reflexivpronomen und
konjugierte Verbform bilden eine unzertrennliche Einheit.

> Je **m'amuse** beaucoup en vacances.
> Il **se lève** à dix heures.

Das gilt auch für die Verneinung:

> Je **ne me** cache **pas**.
> Tu **ne t'**amuses **pas**.   Ne t'amuse pas.
> Vous **ne vous** couchez **pas**.   Ne vous couchez pas.

1 Lettre de Frédéric à son ami Yves
Setze die richtige Verbform ein.

Mon cher Yves,

Merci beaucoup pour ta carte. Je _____1 | s'amuser

beaucoup avec mon cousin Sylvain et Cloclo.

Nous _____2 à dix heures et | se lever

nous _____3 tous les jours. | se baigner

Le soir, nous organisons des petites fêtes

et nous _____4 vers minuit. | se coucher (ins Bett gehen)

Je _____5 d'aller à la poste parce que | se dépêcher (sich beeilen)

j'ai rendez-vous avec une fille sympa.

Elle _____6 Gisèle. | s'appeler

Avec elle, on _____7. | ne jamais s'ennuyer (sich langweilen)

Nous _____8 bien. | s'entendre

Et toi, est-ce que tu _____9 bien aussi? | s'amuser

A bientôt

Frédéric

2 Frédérics Alltag ist nicht sehr lustig. Er sieht vielmehr so aus:

Frédéric!
Il est déjà sept heures.
Lève-toi.

Ergänze in den Sprechblasen das passende Verb in der Befehlsform.
Benutze dabei folgende Verben:

| se coucher | se laver | se dépêcher | s'habiller |
| ne pas s'amuser | se mettre au travail (sich an die Arbeit machen) | | |

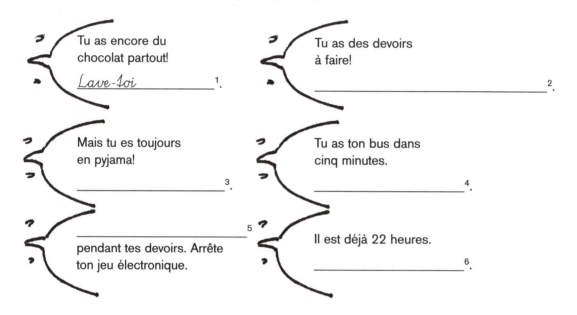

Tu as encore du chocolat partout!
Lave-toi 1.

Tu as des devoirs à faire!
_____ 2.

Mais tu es toujours en pyjama!
_____ 3.

Tu as ton bus dans cinq minutes.
_____ 4.

_____ 5 pendant tes devoirs. Arrête ton jeu électronique.

Il est déjà 22 heures.
_____ 6.

Sicher hast du schon bemerkt, dass viele Verben sowohl im Französischen als auch im Deutschen reflexiv sind:

    se laver   sich waschen
    s'amuser   sich amüsieren
    s'ennuyer   sich langweilen …

Einige sind jedoch nur im Französischen reflexiv. Präge sie dir ein:

se lever	aufstehen	se baigner	baden
se coucher	ins Bett gehen	s'arrêter	anhalten
s'appeler	heißen		

B Die reflexiven Verben im *passé composé*

> Magali **s'est** habillée en fantôme.
>
> Frédéric et Brigitte **ne** se sont **pas** ennuyés à la boum.

Das *passé composé* der reflexiven Verben wird mit *être* gebildet.
Auch im *passé composé* steht das Reflexivpronomen vor dem konjugierten Verb – hier also vor der konjugierten Form von *être*.
Die Verneinung umschließt die Wortgruppe: Reflexivpronomen und *être*.

Bei den nicht reflexiven Verben, die mit *être* verbunden werden, richtet sich das Partizip in Geschlecht und Zahl nach dem Nomen (→ Kapitel 4 D).
Bei den reflexiven Verben aber wird das Partizip dem Reflexivpronomen angeglichen – allerdings nur, wenn dieses direktes Objekt ist (wen oder was?).

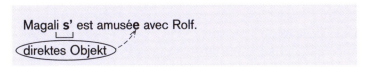

3 Welches Subjekt passt zu welchem Verb? Schreibe den vollständigen Satz auf.

a) se sont rencontrés à la M.J.C.
b) s'est dépêché.
c) vous vous êtes déguisées en quoi?
d) ne s'est pas couchée à dix heures.

1. Et vous, Magali et Brigitte,
2. Frédéric
3. Cloclo
4. Yves et Brigitte

1.	2.	3.	4.

1. _____
2. _____
3. _____
4. _____

4 Setze ins Perfekt.

1. Clotilde s'endort (einschlafen).

   _____

2. Magali ne s'ennuie jamais avec Rolf.

   _____

3. Frédéric et Yves se rencontrent chez Patrick.

   _____

4. Le train s'arrête deux minutes seulement.

   _____

5. Elles ne se retournent pas.

   _____

6. Frédéric et Clotilde ne se comprennent jamais.

   _____

7. Magali et Karin s'entendent (verstehen sich) bien.

   _____

C Die reflexiven Verben im *futur composé*

> Demain, c'est dimanche. Je ne vais pas **me lever** à six heures.
> Je vais **me reposer** jusqu'à dix heures.

Du weißt, dass das *futur composé* sich aus der konjugierten Form von *aller* und dem Infinitiv zusammensetzt (→ Kapitel 2 A). Eine solche Infinitivkonstruktion kennst du auch von den Modalverben.

Wie die übrigen Objektpronomen stehen auch die Reflexivpronomen vor dem Infinitiv (→ Kapitel 1 B). Im Falle der Verneinung wird das konjugierte Verb von der Verneinung umklammert (→ Kapitel 2 B).

Attention!

5 La surboum masquée

Unsere Freunde sind auf eine Party eingeladen. Sie sollen sich verkleiden. Sie überlegen, was sie wohl anziehen werden und wo sie sich treffen sollen. Natürlich muss Cloclo wie üblich dazwischenfunken.
Vervollständige die Sätze, indem du die nahe Zukunft einsetzt.

Yves:	Je _vais m'acheter_ [1] un costume de pirate.	s'acheter
	Et toi, qu'est-ce que tu _____ [2]?	s'acheter
Frédéric:	Rien. Mais, je _____ [3] en vampire.	s'habiller
Brigitte:	Mais où est-ce que nous _____ [4]?	se rencontrer
Magali:	Eh bien, on _____ [5] à neuf heures au métro Riquet.	se retrouver
Cloclo:	Dites donc, vous _____ [6].	ne pas s'ennuyer
	Et moi, alors? Qui _____ [7] de moi?	s'occuper
Frédéric:	Mais c'est pour les grands. Ça ne va pas t'intéresser. Tu _____ [8] avec nous. Reste avec les grands-parents.	s'ennuyer
Cloclo:	Merci bien! Ils _____ [9] devant la télé!	s'endormir

D Reflexive Verben und Modalverben

> Demain, c'est dimanche et je peux **me reposer** jusqu'à dix heures.
> Frédéric, tu veux bien **t'occuper** de ta sœur?

Wie beim *futur composé* stehen die Reflexivpronomen vor dem Infinitiv, auf den sie sich beziehen. Vergleiche:

Je vais   **m'acheter** un disque compact.
Je veux   **m'acheter** un disque compact.

Im Fall der Verneinung wird das Modalverb von der Verneinung umklammert.

> Je **ne** veux **pas** m'occuper de ma sœur.

6 36 15, enfance malheureuse (36 15, unglückliche Kindheit)
36 15 ist die Eingangsnummer zum französischen Minitel-System (BTX), ein vielseitiges, aber auch kostspieliges Angebot der französischen Telecom. Vervollständige die folgenden Sätze mit den vorgegebenen Verben.

Quand Mme Lecarpentier dit: «Frédéric, tu _____ bien _____¹ de ta sœur?», elle veut dire qu'il _____² d'elle.	vouloir s'occuper / devoir s'occuper
«Ce n'est pas juste, pense Frédéric, je _____ _____³ comme je veux.	ne jamais pouvoir s'amuser
Je _____ toujours _____⁴ de ce bébé.»	devoir s'occuper
Et Clotilde, elle, dans son coin dit: «Qui _____⁵ à *Trivial Pursuit* avec moi?	s'amuser/ (futur)
Je _____⁶ toute seule dans mon coin.	ne pas vouloir s'ennuyer
Demain, tout le monde _____⁷ à la surboum.	s'amuser/ (futur)
Et qui _____⁸ chez les grands-parents? C'est moi!	devoir se rendre
Et devinez (erratet) qui _____⁹ devant la télé avec eux? Gagné! C'est moi!	s'ennuyer/ (futur)

Bon, vous _____¹⁰ de moi?

Alors, je _____¹¹ avec le Minitel!»

«Le Minitel! Ah, non! Pas question! Tu as vu la note de téléphone?»

ne pas vouloir s'occuper

s'amuser/ (futur)

Test

I C'est correct?
In einigen der folgenden Sätze stecken Fehler. Lies dir diese Sätze durch und notiere jeweils ein c für *correct* oder ein f für *faux*. Korrigiere dann die Fehler.

☐ 1. Je s'habille. _____

☐ 2. Il se va lever à sept heures. _____

☐ 3. Nous n'allons pas nous coucher. _____

☐ 4. Vous voulez vous rencontrer à quelle heure?
_____

☐ 5. Il a sifflé, mais je ne m'ai pas retournée.
_____

☐ 6. Elles se sont ennuyé pendant le film.
_____

☐ 7. Avec mon bras cassé, je ne peux pas m'habiller.
_____

☐ 8. Magali et Brigitte ne se sont pas baignées.
_____

☐ 9. Vous allez vous amusent à la boum.
_____

9 points

II La journée de Mme Pipelette
Erzähle einen Tag aus dem Leben der Mme Pipelette.

se lever / se regarder dans la glace

se sentir fatiguée / prendre un comprimé

se rendre chez Mme Saistout

s'installer dans sa loge

s'ennuyer / lire les cartes des locataires

se mettre au travail

se sentir fatiguée

se doper avec un apéritif

se sentir pleine d'énergie   s'installer dans son fauteuil / se reposer

1. _____
2. _____
3. _____
4. _____
5. _____
6. _____
7. _____
8. _____
9. _____
10. _____

11 points

13 Länder- und Städtenamen
Les noms des pays et des villes

A Die Ländernamen und ihre Begleiter
B Nationalitätsbezeichnungen
C Städtenamen und ihre Präpositionen

A Die Ländernamen und ihre Begleiter

Der *Mont St. Michel* ist eine der bekanntesten Sehenswürdigkeiten in Frankreich. Auf dem großen Parkplatz sieht man Autos fast aller Nationalitäten versammelt.

2 Dans cette maison, les gens aiment faire des voyages.
Formuliere vollständige Sätze und verwende die richtigen Präpositionen.

5. a) la famille Rieux / revenir / (USA)
   b) M. Turgot / faire un voyage / (CH)

4. a) Mme Sète / rester quatre semaines / (I)
   b) Paul et Paulette / passer leurs vacances / (S)

3. a) Mme Grandchamp / être revenue / (TR)
   b) la famille Gros / rentrer / (L)

2. a) Jean-Luc / avoir travaillé / (GB)
   b) Mlle de Beer / rendre visite à sa famille / (NL)

1. a) Claire / aller faire un stage (Praktikum) / (D)
   b) M. Bequetot / revenir / (PL)

1. a) *Claire va faire un stage*
   b) _____
2. a) _____
   b) _____
3. a) _____
   b) _____
4. a) _____
   b) _____
5. a) _____
   b) _____

B Nationalitätsbezeichnungen

Bei den Nationalitätsbezeichnungen lässt sich das Auswendiglernen nicht umgehen. Du kannst es dir aber erleichtern, indem du die folgenden Gruppen betrachtest:

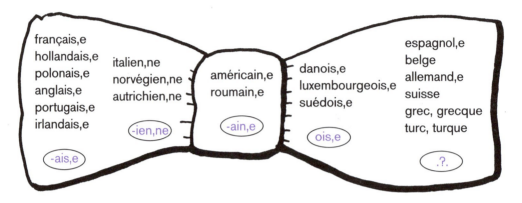

Diese Adjektive können auch als Nomen gebraucht werden:

      un Français/une Française   ein Franzose/eine Französin
      un Allemand/une Allemande   ein Deutscher/eine Deutsche

aber

      le français   das Französische (als Sprache)

Hierbei musst du berücksichtigen:

- Nur die Nomen, die Personen bezeichnen, werden großgeschrieben.

Vasco da Gama, **un Portugais**, a découvert l'Inde (Indien).

- Die Adjektive werden grundsätzlich kleingeschrieben.

Cette année, on va faire du ski dans les Alpes **italiennes.**

3 Sur un terrain de camping international, il y a des jeunes de toutes les nationalités. Pendant une fête, ils se parlent...
Achtung, jetzt musst du die Regeln von Abschnitt A und B kombinieren.

(Pierre (F) + Luc (L/B)) (Ludmilla (RO) + Tony (B/GB)) (Gina (I) + Pedro (DK/P))
(Piet (NL) + Marcel (F/CH)) (Carmen (E) + Nils (GB/S))
(Steve (USA) + Fatima (D/TR)) (Krisztian (PL) + Anna (IRL/N))

1. Luc: Ah, tu es Français?

   Pierre: Oui, je viens de France. Et toi?

   Luc: Je viens *du Luxembourg*, mais je suis Belge.

2. Tony: *Ah, tu es* _____

   Ludmilla: *Oui, je* _____ *Et toi?*

   Tony: *Je viens* _____ *mais je suis* _____

3. Pedro: *Tu es* _____

   Gina: *Oui, je viens* _____

   Pedro: _____

   _____

4. Marcel: _____

   Piet: _____

   Marcel: _____

5. Nils: _____

   Carmen: _____

   Nils: _____

   _____

6. Fatima: _____

   Steve: _____

   Fatima: _____

7. Anna: _____

   Krisztian: _____

   Anna: _____

   _____

C Städtenamen und ihre Präpositionen

> Les Lecarpentier habitent **à** Paris.
> Le grand-père de Brigitte part **pour** Rouen.
> Les grands-parents de Magali arrivent **de** Strasbourg.

Städtenamen haben in der Regel nur die Präposition und keinen Artikel bei sich – es sei denn: Der Name der Stadt selbst ist mit einem Artikel versehen, wie: *Le Mans, Le Havre, La Rochelle*…

> Brigitte rentre **de La** Rochelle.
> Yves passe une semaine **au** Mans.

Beachte die Regel der Verschmelzung!

4 Paul ist Lastkraftwagenfahrer für eine Supermarktkette in Frankreich. In einer Woche kommt er sehr viel herum. Bei der folgenden Übung musst du seinen Terminkalender in vollständige Sätze übersetzen. Mit der Frankreichkarte in deinem Atlas kannst du seine Route verfolgen.

Lundi	Mardi	Mercredi	Jeudi	Vendredi	Samedi	Dimanche
7 h partir Paris ●→		8 h se rendre Limoges →●	Le Puy ●→ aller →● Chambéry		7 h partir Les Saisies ●→	6 h partir Le Creusot ●→
	9 h aller Nantes →● vers 13 h continuer La Rochelle →●			10 h arriver Les Saisies ✖		passer Orléans ⬥
		14 h partir Le Puy →●				
16 h arriver Le Mans ✖					18 h arriver Le Creusot ✖	20 h arriver Le Havre ✖
				Il reste une nuit.		
1.	2.	3.	4.	5.	6.	7.

- ●→ = partir de (wegfahren von)
- ●→ →● = aller de… à…
- ⬥ = passer par (durchfahren durch)
- ✖ = arriver à
- →● = aller à
- se rendre à (sich begeben nach)
- continuer à (weiterfahren nach)
- partir pour (abfahren nach)

1. Le lundi à sept heures, Paul part de Paris. A seize heures,

   il arrive _____.

2. _____
   _____

3. _____
   _____

4. _____

5. _____
   _____

6. _____
   _____

7. _____
   _____
   _____

Test

I Les pays et leurs monnaies (Geld)

Die Einführung des Euro ist ja noch gar nicht so lange her. Der Großvater von Magali konnte sich von seinen Münzen und Scheinen aus den verschiedenen europäischen Ländern noch nicht trennen. Er zeigt Magali seine Sammlung.
Ordne bei dieser Übung der jeweiligen Währung den richtigen Ländernamen und die entsprechende Präposition zu.

Grand-pére: Alors, voilà, Magali.

    1. Pour aller _____

       il fallait* avoir des marks allemands.

    2. Quand on revenait _____

       on avait encore quelques pesetas espagnoles.

    3. Pour voyager _____

       on avait besoin** de francs luxembourgeois.

* Die Verbendungen auf -ait zeigen an, dass es sich hier um das Imperfekt handelt.
**avoir besoin de qc – etwas benötigen

4. Quand on revenait _____

il y avait encore quelques florins hollandais dans le porte-monnaie.

5. Et quand on rentrait _____

on trouvait encore quelques lires italiennes dans ses poches (Jackentasche).

6. Pour aller _____

on achetait des drachmes grecques.

7. Pour partir _____

on avait besoin d'escudos portugais.

Magali: Mais grand-père, regarde ce que j'ai trouvé dans ta caisse: des couronnes danoises, des livres sterling, des couronnes suédoises et même quelques dollars.

Grand-pére: 8. Alors ça, quelle chance, alors je peux faire un petit voyage _____, _____, _____, _____.

| 11 points

II Jacques Brel, ein beliebter Chansonsänger, der leider bereits verstorben ist, hat gesungen: «Dans le port d'Amsterdam, il y a des marins qui chantent...»
Aber der Hafen von Amsterdam ist auch ein großer Güterumschlagplatz. Hier geht es um Städte- und Ländernamen. Es kommt auch der Teilungsartikel vor!
Dans le port d'Amsterdam, il y a...

1. Angers → 🚚 : vin/F → L

... *un camion qui vient d'Angers et qui transporte du vin français au Luxembourg;*

2. S → 🚢 : jambon m/DK → RO

... _____
_____

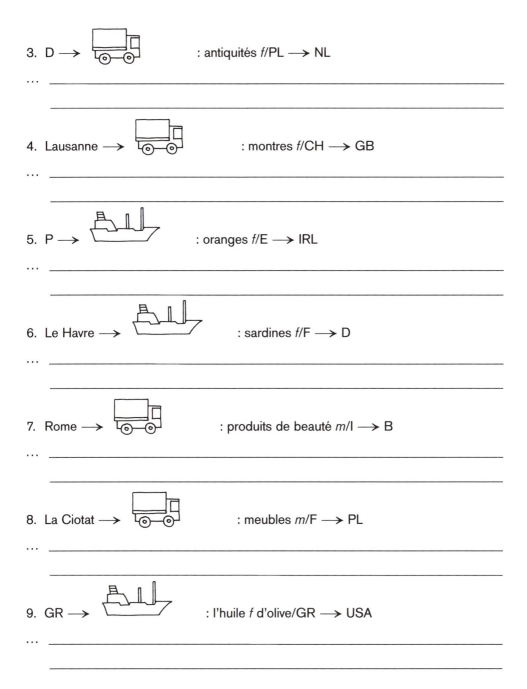

3. D → 🚚 : antiquités f/PL → NL

...

4. Lausanne → 🚚 : montres f/CH → GB

...

5. P → 🚢 : oranges f/E → IRL

...

6. Le Havre → 🚢 : sardines f/F → D

...

7. Rome → 🚚 : produits de beauté m/I → B

...

8. La Ciotat → 🚚 : meubles m/F → PL

...

9. GR → 🚢 : l'huile f d'olive/GR → USA

...

| 18 points

14 Die Adverbialpronomen *y* und *en*
Les pronoms adverbiaux

A Das Adverbialpronomen *y*: Standpunkt und Richtung
B Das Adverbialpronomen *en*: Herkunft
C Weiterer Gebrauch von *en*

A Das Adverbialpronomen *y*: Standpunkt und Richtung

Nicole est	en France.		
Elle est	à la M.J.C.		
Elle	y	est.	(dort)
Le chat n'est pas	sur le balcon.		
Il n'	y	est pas.	(dort)
Rolf va	à Berlin.		
Il	y	va.	(dorthin)

Das Pronomen *y* vertritt adverbiale Ortsbestimmungen mit den Präpositionen: *à, en, derrière, dans, sur…* Es bedeutet „dort" oder „dorthin", drückt also einen Standpunkt oder eine Richtung aus.

Wie die anderen Objektpronomen, die du schon kennst, steht *y* vor dem konjugierten Verb. In der Verneinung wird es zusammen mit dem Verb von *ne… pas* umschlossen. Nur im Zusammenhang mit der Befehlsform steht es hinter dem Verb: *Vas-y*. Hier musst du wegen des „Wohlklangs" an *va* noch ein *s* anhängen.

Allerdings gibt es bei der Verwendung von *y* eine Besonderheit zu beachten: Wenn eine Ortsbestimmung zusammen mit einer Person gebraucht wird, darfst du *y* nicht verwenden.

Je vais **chez Magali**. Il a rendez-vous **chez le docteur**.
Je vais **chez elle**. Il a rendez-vous **chez lui**.

In diesem Fall musst du die betonten Formen des Personalpronomens (die unverbundenen Personalpronomen) verwenden (→ Kapitel 10), denn *y* kann **auf keinen Fall für Personen** stehen.

Daneben ersetzt *y* auch präpositionale Ergänzungen mit *à*, vertritt aber hier ebenfalls nur Sachen.

Je réfléchis **au test de maths**.
J'**y** réfléchis.

1 Unterstreiche die Ortsbestimmungen und ersetze sie durch das Adverbialpronomen *y* oder durch ein Personalpronomen.

1. Il reste à Cherbourg pendant les vacances. *Il y reste pendant les vacances.*
2. Je ne mange jamais dans ce restaurant. _____
3. A deux heures, il va à la piscine. _____
4. Nous jouons avec l'ordinateur chez Robert. _____
5. Vous allez au cinéma? _____
6. Allons au marché! _____
7. Il habite en Suisse. _____

B Das Adverbialpronomen *en*: Herkunft

Il revient	de Toulouse. de la M.J.C. du cinéma. d'Italie.
Il	**en** revient.

Um die Herkunft auszudrücken, benutzt man das Adverbialpronomen *en*. Auch *en* steht vor dem konjugierten Verb.

Aber auch hier die Besonderheit: Im Zusammenhang mit einer Person musst du die betonte Form des Personalpronomens (das unverbundene Personalpronomen) benutzen.

Brigitte vient **de chez Magali**.   Les voleurs descendent **de chez les Pottier**.
Elle vient **de chez elle**.   Ils descendent **de chez eux**.

2 Complète ces dialogues.

Ergänze bei den Fragen jeweils die richtige Präposition. Bei den Antworten muss entweder *y, en* oder eine Präposition + betontes Personalpronomen eingesetzt werden. In einigen Antworten muss auch das Verb ergänzt werden.

1. Tu vas *au* marché? — Non j' *en* viens.
2. Tu sors _____ chez le dentiste? — Ben oui, tu vois bien que je sors _____ _____ _____!
3. Mes papiers sont _____ le sac? — Non, ils ___ ___ _____ _____!
4. Je peux aller _____ cinéma ce soir? — Mais oui! Vas- ___!
5. Rolf habite _____ Magali pendant les vacances? — Non, il n'habite pas _____ _____. Il habite _____ Frédo.
6. Ta mère rentre _____ bureau à cinq heures? — Non, elle _____ rentre à six heures.
7. Les enfants vont _____ cinéma ce soir? — Non, ils ___ _____ déjà _____ hier.
8. Quand est-ce que tu vas repartir *de* Strasbourg? — Je vais _____ _____ le 31 août.

C Weiterer Gebrauch von *en*

Das Adverbialpronomen *en* ersetzt nicht nur Ortsbestimmungen mit *de*, sondern auch andere Ergänzungen mit *de*.

En ersetzt

- den unbestimmten Artikel Plural + Nomen (bei zählbaren Dingen),

> Tu as encore **des timbres**?
> Oui, j'**en** ai trois.

- den Teilungsartikel + Nomen (bei nicht zählbaren Dingen → Kapitel 7),

> Nous avons encore **de l'eau minérale**? Tu veux encore **du fromage blanc**?
> Oui, nous **en** avons dans le réfrigérateur. Oui, j'**en** veux bien.

- das partitive *de* + Nomen (nach einer Mengenangabe),

Tu as pensé à acheter des tomates?	Nous avons encore du jus d'orange?
Oui, j'ai pris deux kilos **de tomates**.	Non, nous n'avons plus **de jus d'orange**.
Oui, j'**en** ai pris deux kilos.	Non, nous n'**en** avons plus.

Dies nennt man eine „Nullmenge".

- Nomen nach einem Zahlwort,

Tu as des cassettes de Porte 53?
Oui, j'ai **trois cassettes de Porte 53**.
Oui, j'**en** ai trois.

- eine präpositionale Ergänzung mit *de*.

Il a très envie **de gâteaux**.	Vous parlez **du film d'hier**?
Il **en** a très envie.	Oui, nous **en** parlons.

In diesem Fall musst du eine Besonderheit beachten: *en* steht für Sachen und nicht für Personen. Bei Personen nimmst du die betonte Form des entsprechenden Personalpronomens.

Magali parle souvent **de Rolf**.	A douze ans, on a besoin **de ses parents**.
Elle parle souvent **de lui**.	On a besoin **d'eux**.

3 Il n'y a pas d'amour heureux
„Es gibt keine glückliche Liebe" heißt ein berühmtes Gedicht von Aragon. Nicht nur Magali ist unglücklich. Auch Rolf sehnt sich nach den glücklichen Tagen in Paris zurück, seitdem er wieder in Berlin ist.
Ersetze die Ergänzungen mit *à* oder *de* durch ein Adverbialpronomen oder ein Personalpronomen.

1. Rolf pense souvent <u>au concert de Porte 53 entendu avec Magali</u>.

_____

2. Il a très envie de repartir <u>à Paris</u>.

_____

3. Souvent, la nuit, il rêve <u>de son amie</u>.

_____

4. Il se souvient (erinnert sich) <u>de leurs promenades ensemble</u>.

_____

5. Pendant les récréations, il parle beaucoup de ses amis français.

_____

6. Si tout va bien (wenn alles gutgeht), peut-être qu'il va à Paris à Noël.

_____

7. Mais qu'est-ce que ses parents pensent de son idée?

_____

8. Mais Magali, elle, est-ce qu'elle a aussi besoin de Rolf?

_____

Test

I Für welche Ergänzungen stehen die Adverbialpronomen *y* und *en*, für welche die Personalpronomen?

1. Elle en revient.
2. Vous y allez?
3. Tu ne veux pas rester chez elle?
4. Est-ce qu'il va y penser?
5. Elle rêve de lui?
6. Nous allons chez elles.
7. Tu en as besoin ce soir, chéri?
8. Tu penses rester longtemps chez eux?
9. Les Allemands en mangent souvent.
10. Mais oui, j'en ai pris.

a) du porc (Schweinefleisch)
b) de l'eau minérale
c) ta grand-mère
d) de la voiture
e) du marché
f) tes amis
g) à la lettre
h) Anne et Marie-Line
i) de Rolf
k) au cinéma

1.	2.	3.	4.	5.	6.	7.	8.	9.	10.
e									

| 10 points

II Ersetze die unterstrichenen Wörter durch ein Adverbialpronomen, ein Personalpronomen oder durch Präposition + Personalpronomen.

1. Elle n'a pas envie <u>de travailler</u>. _____
2. Tu viens <u>de Cherbourg</u>? _____
3. Nous allons <u>au théâtre</u>. _____
4. Je reste <u>chez Eric</u> ce soir. _____
5. Tu reviens <u>du marché</u>? _____
6. Nous prenons deux kilos <u>de tomates</u>. _____
7. Il parle souvent <u>de ses vacances</u>. _____
8. Va <u>à l'école</u>! _____
9. Ne prends pas <u>de café</u> à tonâge! _____
10. Je viens de <u>chez le coiffeur</u>. _____

| 10 points

15 Die Steigerung des Adjektivs
Le degré de l'adjectif

A Der Komparativ
B Der Superlativ

Les présentatrices au concours (Die Ansagerinnen im Wettbewerb):

Komparativ — Superlativ

Du hast sicher schon erkannt, dass bei der Steigerung des Adjektivs nicht seine Form verändert, sondern etwas hinzugefügt wird.

A Der Komparativ

Beim Komparativ gibt es vier Möglichkeiten:

1. Mme Grandchamp est **plus** sympathique **que** Mlle Leclerc.
2. Mlle Leclerc est **moins** sympathique **que** Mme Grandchamp.
3. Mlle Leclerc **n'est pas aussi** sympathique **que** Mme Grandchamp.
4. Mme Pirou est **aussi** sympathique **que** Mlle Beaumont.

+	**plus**		– sympathischer
–	**moins**	Adjektiv + **que**	– weniger sympathisch
	ne... pas aussi		– nicht so sympathisch
=	**aussi**		– genauso sympathisch

Es gibt nur ein Adjektiv, das im Komparativ vollständig verändert wird:

bon, bonne ⟶ meilleur,e (besser)

Frédo est **bon** en français, mais Magali est **meilleure**.

1 Yves a fait une enquête (Umfrage) à son école. Voilà ses résultats.
Das Ergebnis seiner Umfrage hat Yves in eine Tabelle übertragen. Du sollst diese Tabelle nun wieder in die ursprünglichen Aussagen zurückverwandeln. Schau dir dazu noch einmal die Bedeutung der Symbole auf Seite 112 an.

qualité	professeur, matière élèves etc.	+	−	=	professeur, matière, élèves etc.
1. strict,e	le prof. de latin	x			la prof. de chimie
2. libéral,e	la prof. de dessin		x		la prof. de philosophie
3. difficile	l'informatique			x	les mathématiques
4. dur,e (hart, schwierig)	la philosophie	x			l'histoire
5. paresseux,se (faul)	les filles			x	les garçons
6. mauvais,e	les interros orales (mündliche Prüfungen)	x			les interros écrites
7. autoritaire	la documentaliste (Bibliothekarin)			x	le prof. de physique
8. bon, ne	la caféteria	x			la cantine
9. sévère (streng)	le pion (Aufseher)		x		le principal (Direktor)

1. _Le professeur de latin est plus strict que la professeur de chimie._
2. _La prof. de dessin est moins libérale que la prof de philosophie_
3. _L'informatique est aussi difficile que les mathématiques_
4. _La philosophie est plus dure que l'histoire_
5. _____
6. _Les interros orales est plus mauvaises que les interros écrites._
7. _____
8. _____
9. _____

B Der Superlativ

Du erinnerst dich sicher an die Stellung der Adjektive im französischen Satz.
Die meisten Adjektive werden dem Nomen nachgestellt, nur wenige – in der Regel
die kürzeren wie *grand, petit…* – werden vorangestellt. (→ Besser in Französisch,
Grammatik 1. Lernjahr, Kapitel 12)
Diese Regeln musst du natürlich auch beim Superlativ beachten. Schau dir die
folgenden Sätze genau an.

Le château de Versailles est **le plus grand** château de France.	Voran-
La place de l'Etoile est **une des plus belles** places de Paris.	stellung
La tour Eiffel est **la** tour **la plus intéressante**.	Nach-
Le restaurant Maxime est **un des** restaurants **les plus chers** de Paris.	stellung

Das Ganze noch einmal in Formeln verpackt:

↑		le la les	**plus** + Adjektiv + Nomen	**de…**	Voranstellung
↗	un une	des des			
↑		le la les	Nomen + **la plus** + Adjektiv **le** **les**	**de…**	Nachstellung
↗	un une	des des			

Et il n'y a pas d'exceptions?

Mais bien sûr!

Wie du schon weißt, bildet das Adjektiv *bon,ne* eine Ausnahme. Eine weitere Ausnahme bildet der Superlativ von *mauvais,e*.

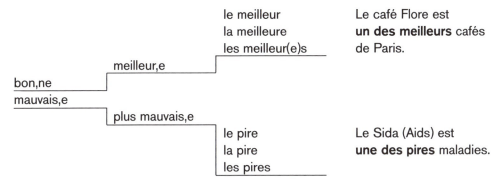

Bevor du dich an die nächste Übung machst, schau dir noch einmal die Symbole auf Seite 114 an.

2 ZAVATA – le cirque au superlatif

1. le chapiteau (Zirkuszelt) / haut ↑ / le monde
   Zavata a le chapiteau le plus haut du monde.

2. les acrobates / habile (geschickt) ↑ / tous les cirques
   Il a les acrobates

3. l'éléphant / gros ↑ / l'Inde
   Il a

4. le tigre / dangereux ↑ / la France
   Il a le tigre le plus dangereux de France

5. la trapéziste / joli ↑ / tous les cirques français
6. le jongleur / petit ↑ / le monde
7. la femme / fort ↑ / l'Europe
8. la girafe / grand ↑
9. le clown / drôle ↑ / tous les clowns
10. le dompteur / courageux ↑ / la France
11. les chevaux / beau ↑
12. l'orchestre / bon ↑ / le monde

Test

I Jetzt wird alles gemischt. Komparativ und Superlativ. Beachte die Symbole auf Seite 112 und Seite 114.
Yves rêve qu'il a de la visite de E.T.
Voilà leur conversation (Unterhaltung).

1. a) Le Mont Everest est _la montagne la plus haute_ du monde. montagne/haut ↑

   b) Chez nous, il y a des _montagnes plus hautes que_ sur terre. montagne/haut +

2. a) Le T.G.V. est _____ trains/rapide ↗

   _____ du monde.

   b) Chez nous, les _____ trains/rapide +

   _____ que chez vous.

3. a) Etre pompier, c'est _____ métier/dangereux ↑

   _____.

   b) Chez nous, ce métier _____ métier/dangereux —

   _____ d'être chocolatier

   (Schokoladenhersteller).

   Pourquoi?

   Parce que le chocolat est très cher et que tout le monde aime le chocolat.

4. a) Le RQ2 _____ ordinateur/petit ↑

   _____ du monde.

   b) Chez nous, tous les ordinateurs _____ ordinateur/grand =

   _____ le RQ2.

5. a) En général, chez nous, les élèves _____ intelligent —

   _____ les professeurs.

   b) Chez nous, c'est juste le contraire: les élèves _____ personnes f.

   _____. /intelligent ↑

6. a) Ne pas aller à l'école, ce serait _____ solution f. (Lösung)

   _____. /bon ↑

   b) Rester à la maison, c'est _____ mauvais —

   que d'aller à l'école parce qu'on s'ennuie.

7. a) Etre amoureux, c'est _____ période f./beau ↑

   _____ de la vie.

   b) Eh bien, chez nous aussi.

| 12 points

16 Das Perfekt (2) – Die Veränderlichkeit des Partizips
L'accord du participe

A Das Partizip der Verben, die mit *avoir* verbunden sind
B Besonderheiten der reflexiven Verben

A Das Partizip der Verben, die mit *avoir* verbunden sind

Du erinnerst dich sicherlich an die Vergangenheit der Verben, die mit *être* verbunden werden:

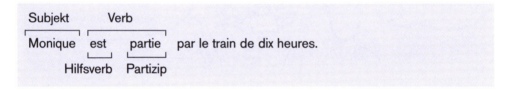

Bei solchen Verben richtet sich das Partizip in Geschlecht und Zahl nach dem Subjekt (→ Kapitel 4 D).

Bei Verben, die mit *avoir* verbunden werden, musst du nach dem **direkten Objekt** (wen oder was?) suchen. Die Stellung des direkten Objekts bestimmt dann die Rechtschreibung des Partizips. Es gilt folgende Regel:

- Wenn das direkte Objekt **vor** dem Verb steht, wird das Partizip in Geschlecht und Zahl diesem direkten Objekt angeglichen.
- Wenn das direkte Objekt **hinter** dem Verb steht oder wenn das Verb **kein** direktes Objekt hat, bleibt das Partizip unverändert.

Kompliziert? In der Theorie vielleicht, also schreiten wir mal zur Praxis.

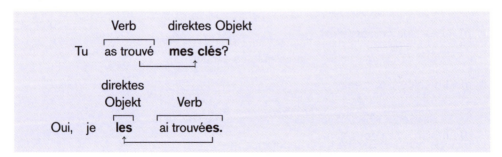

Das direkte Objektpronomen *les* vertritt *les clés* – feminin, Plural. Also wird *-es* an das Partizip angehängt. Ebenso:

Les exercices, tu **les** as fait**s**?

Jetzt bist du dran, diese Regeln anzuwenden.

1 Le pique-nique
Gleiche das Partizip dem direkten Objekt an.

1. «Les sandwichs, tu les as fait ____?»

2. «Bien sûr! Tu ne les as pas vu ____?»

3. «Ah si, les voilà! Et les boissons, tu les as préparé ____?»

4. «Mais oui! Et si tu cherches les assiettes, je les ai mis ____ dans le panier (Korb) avec les verres.»

5. «Des assiettes pour les sandwichs?»

6. «Non, pour le dessert. C'est Katrin qui l'a préparé ____. C'est une spécialité allemande.»

Bis jetzt war es recht einfach, weil das direkte Objekt jedes Mal vor dem Verb stand. Nun sollst du entscheiden, wann die Partizipien verändert werden müssen.

2 Vervollständige die Partizipien, wenn es notwendig ist.

1. Nous avons passé ____ des vacances formidables.

2. Quelles belles chaussures! Où est-ce que tu les as acheté ____?

3. Marion a bien joué ____ à la plage.

4. Et les dernières vidéo-cassettes de Michael Jackson, tu les as vu ____?

5. Plus de gâteaux! Brigitte les a encore mangé ____!

Du siehst, es ist gar nicht so schlimm.

In den bisherigen Beispielen hieß das direkte Objekt immer *le, la* oder *les*. Jetzt musst du dein Augenmerk auf andere Formen des direkten Objekts richten. Du weißt ja, dass das Relativpronomen *que* (*qu'* vor Vokal) immer ein direktes Objekt ist (→ Kapitel 11 B). Auch die Fragebegleiter *quel, quelle, quels, quelles* + Nomen sind oft direkte Objekte.

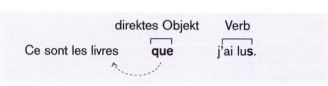

In diesem Satz richtet sich das Partizip nach dem vorangehenden Objekt *que*, stellvertretend für *les livres* – maskulin, Plural.
Ebenso:

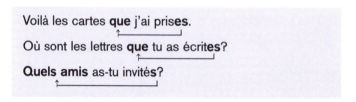

In der folgenden Übung sollst du nun sämtliche Fälle der Veränderlichkeit des Partizips bestimmen.

3 Welche Erklärung trifft für die folgenden Sätze zu? Trage den Buchstaben der richtigen Erklärung in das entsprechende Kästchen ein.

A Das Verb wird mit *être* verbunden. Folglich richtet sich das Partizip nach dem Subjekt.
B Das Verb wird mit *avoir* verbunden. Ein direktes Objekt ist nicht vorhanden. Das Partizip bleibt unverändert.
C Das Verb wird mit *avoir* verbunden. Das direkte Objekt steht hinter dem Verb. Das Partizip bleibt unverändert.
D Das Verb wird mit *avoir* verbunden. Das direkte Objekt steht vor dem Verb. Das Partizip richtet sich nach dem direkten Objekt.

1. Voilà les chaussures que j'ai essayées. | D |
2. Quels timbres est-ce que tu as choisis?
3. Tu m'as donné tes lettres il y a cinq minutes.
4. Ils sont partis par le train de onze heures.
5. Je leur ai parlé dans l'escalier.
6. Katrin et Rolf? Je les ai vus à la M.J.C.

Vorsicht, Falle!

Wie du bei Satz 5 der letzten Übung gesehen hast, ist nicht jedes Personalpronomen, das vor dem Verb steht, ein direktes Objekt.
Hier noch ein Beispiel:

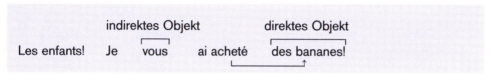

Die Personalpronomen *me, te, nous, vous* können sowohl direktes als auch indirektes Objekt (wem?) sein. Untersuche in diesem Fall die Funktion des Personalpronomens genauer.

Unterscheide:

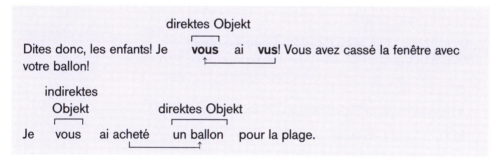

4 Accord ou pas d'accord?
Unterstreiche zunächst alle direkten Objekte, die vor dem Verb stehen.

La mère: Magali, je t'ai encore vu ____¹ avec ce garçon. Je t'ai déjà dit ____² que je n'aime pas ça!

Magali: Je lui ai juste parlé ____³ cinq minutes. On nous a donné ____⁴ des billets de cinéma pour la M.J.C.

La mère: Bonne excuse, la M.J.C.! Je vous ai déjà vu ____⁵ hier ensemble!

Magali: Mais maman, c'est lui qui m'a appelé ____⁶. Alors, je lui ai dit ____⁷ bonjour, c'est tout! En maths, c'est un crack et il m'a donné ____⁸ les solutions des problèmes!

B Besonderheiten der reflexiven Verben

Auch bei den reflexiven Verben richtet sich das Partizip nach dem direkten Objekt. Aber auch hier musst du etwas genauer hinsehen.

direktes Objekt		indirektes Objekt	direktes Objekt
Magali s' est préparée.	Dans l'accident, elle	s' est cassé	**une jambe**.

Im ersten Satz ist das Reflexivpronomen *s'* direktes Objekt. Das Partizip richtet sich nach diesem Pronomen (→ Kapitel 12 B).
Im zweiten Satz ist das Reflexivpronomen indirektes Objekt. Das direkte Objekt steht hier hinter dem Verb.

5 Le vendredi 13 de Mme Pipelette. Correct ou faux?
Kreuze das richtige Kästchen an und korrigiere das Partizip, wenn nötig.

          c   f

1. A dix heures, Mme Pipelette est sorti de sa loge. *sortie* ☐ ☒
2. Elle a balayés (fegen) les escaliers. _____ ☐ ☐
3. A onze heures, le facteur l'a appelé pour un paquet. _____ ☐ ☐
4. En vitesse (schnell), elle est redescendue. _____ ☐ ☐
5. Elle a signé les papiers _____ ☐ ☐
   que le facteur lui a donnée. _____ ☐ ☐
6. Comme (da) Mme Lebrun a 90 ans, elle lui a porté ses lettres. _____ ☐ ☐
7. Elle a bus les deux petits verres d'apéritif de Mme Lebrun. _____ ☐ ☐
8. Elle s'est dépêchée. _____ ☐ ☐
9. Elle est tombée dans l'escalier. _____ ☐ ☐
10. Résultat: elle s'est cassée la main. _____ ☐ ☐

Test

I Accident du travail (Arbeitsunfall)?
   Lies dir Übung 5 noch einmal durch. Betrachte dann die folgenden vier Bilder und erzähle den „Arbeitsunfall" von Mme Pipelette aus ihrer Perspektive im Perfekt.

1. J'ai _____
2. Le facteur _____
3. J'ai _____
4. _____

Was hat Mme Pipelette verschwiegen?

5. Elle n'a pas dit qu'elle _____ les deux verres que Mme Lebrun

   lui _____

| 6 points

II Une drôle de livraison (Eine seltsame Lieferung)
Bei Pottiers ist eingebrochen worden. Mme Pipelette erzählt.
Verändere die Partizipien, wenn es notwendig ist.

Voilà, monsieur le commissaire: deux hommes en blouse grise (in grauem Kittel) m'ont appelé ____¹.

Ils m'ont expliqué ____² que c'est une livraison pour les Pottier.

Ils sont passé ____³ devant ma loge avec une grosse caisse.

Ils l'ont porté ____⁴ avec beaucoup de difficultés jusqu'au quatrième.

Ils se sont bien arrêté ____⁵ vingt fois.

Ils ont sonné ____⁶, mais personne ne leur a répondu.

Alors, je leur ai dit: «Mais la famille Pottier est parti ____⁷ travailler. C'est drôle, votre livraison maintenant.»

Les deux hommes m'ont donc montré ____⁸ une feuille de livraison (Lieferschein) pour une télévision.

Je suis donc allé ____⁹ chercher mon passe-partout (Hauptschlüssel) pour ouvrir.

Je me suis quand même un peu étonné ____¹⁰, quand j'ai vu ____¹¹ la caisse dans le couloir.

Puis, les deux hommes sont reparti ____¹² très vite.

Deux heures après, ils sont revenu ____¹³: une erreur de livraison (falsche Lieferung).

Ils ont repris ____¹⁴ leur caisse et l'ont porté ____¹⁵ sans problème jusqu'à leur camion.

Peu après, une femme que je n'ai encore jamais vu ____¹⁶ dans l'immeuble est descendu ____¹⁷ du quatrième.

J'ai trouvé ____¹⁸ tout cela très drôle et j'ai appelé ____¹⁹ ma collègue, madame Saistout.

Et voilà l'article «Les voleurs-livreurs» qu'elle m'a montré ____²⁰.

Ce sont bien ces hommes et cette femme-là, commissaire. Je les ai reconnu ____²¹.

| 21 points

Besser in Französisch
Lösungsheft
Grammatik

2. Lernjahr

Zu Seite 11–15

1 Infinitivkonstruktionen ohne Präposition

1
2. Elle ne sait pas faire son exercice d'allemand.
3. Il ne veut pas aller chez le dentiste.
4. Il ne peut pas écrire.

2
1. Vous voulez ...
2. On veut ...
3. ... on ne peut pas.
4. ... on peut ...
5. ... vous ne pouvez pas?
6. ... je dois être ...
7. Il veut me montrer ...
8. ... nous pouvons ...
9. Vous savez ...
10. ... moi, je sais.

3
1. sont
2. n'aiment pas
3. être
4. n'arrivent pas
5. écoute
6. regarde
7. peuvent
8. faire
9. ne regardent jamais
10. arrivent
11. veulent
12. devons
13. attendre
14. savent
15. ne voulons pas
16. attendre

4
1. a) Elle doit écrire à sa mère et son père.
   b) Elle doit *leur* écrire.
2. a) Magali veut téléphoner à Rolf.
   b) Magali veut *lui* téléphoner.
3. a) Ils ne savent pas réparer la panne.
   b) Ils ne savent pas *la* réparer.
4. a) Elle ne veut pas manger sa soupe.
   b) Elle ne veut pas *la* manger.

5
1. a) correct
   b) faux: Oui, je veux bien la ranger ...
2. correct
3. faux: Tu sais réparer le vélo?
4. faux: Nous devons encore attendre les filles!
5. faux: Elle ne sait pas ses verbes ...

6
2. ... vous *aimez* faire?
3. Nous *aimons bien faire du* **vélo**, mais nous *préférons faire de la planche* à voile.
4. ... tu *aimes jouer avec* l'ordinateur?
5. ... mais je *préfère aller à une* surprise-partie.
6. ... tu *préfères? Regarder un film* à la télé ou *rire avec tes* amis?
7. ... j'*aime bien rire avec mes* amis, mais je *préfère* encore *sortir avec* Rolf.
8. ... elle *aime bien lire un livre*, mais elle *préfère* encore *manger des* glaces.

Test

I
1. sortir
2. ne veulent pas
3. dois
4. être
5. comprend
6. peux
7. rentrer
8. sait
9. sors
10. veulent
11. savoir
12. sors
13. entends
14. ne la ranges pas
15. peux
16. aider

2 Die nahe Zukunft

1 1. je vais prendre 2. je vais manger 3. Je vais attendre 4. Je vais filer

2 2. a) J'écoute la radio   b) Je vais sortir avec Rolf.
3. a) Nous regardons la télévision.   b) Nous allons jouer au football.
4. a) Nous lisons le journal.   b) Nous allons aller au cinéma avec ...

3 Il va boire un coca.
Non, je ne vais pas dormir à l'hôtel. Je vais faire du camping.
Non, elle ne va pas acheter le pull. Elle va acheter le jean.
Non, nous n'allons pas jouer au badminton. Nous allons jouer au tennis.

4 2. Vous allez le réparer pour demain?
3. Bon alors, on va lui téléphoner.
4. Il va leur rendre leur parapluie demain.
5. Bon, je vais la ranger.

Test

I
1. Ils vont appeler un taxi.
2. Eh bien, tu vas prendre le bus.
3. Bon alors, vous allez les laver.
4. Alors, nous allons aller au restaurant.
5. Je vais aller au lit.
6. Elle va téléphoner au médecin/docteur.
7. Je vais lire un livre.
8. Ils vont boire un jus d'orange.

3 Indirekte Rede und indirekte Frage

1 2. Son père lui dit qu'elle ne sait jamais où elle met ses affaires.
3. Elles expliquent qu'elles rencontrent leurs amis de Berlin à cinq heures.
4. Elles ajoutent à Pierre et Fred qu'ils peuvent venir aussi.

2 1. Ils expliquent qu'ils ont rendez-vous avec leurs copains allemands ...
2. Yves dit qu'il va au musée d'Orsay.
3. Brigitte dit que c'est une bonne idée, mais elle ajoute qu'elle voudrait d'abord manger quelque chose parce qu'elle a faim.
4. Magali ajoute/dit qu'elle a faim aussi et qu'elle voudrait bien manger un petit bout, mais qu'elle n'a pas son porte-monnaie.
5. Yves se fâche et dit que c'est toujours comme ça, qu'elles oublient toujours leurs affaires, qu'elles veulent toujours manger ou regarder les magasins.

Zu Seite 26–34

3 1. qui est venu 2. combien de 3. avec qui 4. quel cadeau 5. à quelle heure 6. où 7. pourquoi

Test

I

question	1	2	3	4	5
réponse	e	a	b	d	c

II 2. Il demande aussi pourquoi elle redouble.
       Elle répond qu'elle est mauvaise en maths.
   3. Yves veut savoir où sont ses cassettes.
       Brigitte répond qu'elle ne sait pas (où elles sont).
   4. Frédéric demande à Rolf s'il vient de Bonn.
       Il répond qu'il vient de Berlin.
   5. Clotilde demande où ils vont.
       Ils répondent qu'ils vont au cinéma.

4 Das Perfekt (1)

1 2. La famille a été
   3. Nous avons fait
   4. J'ai vu
   5. il a fallu attendre
   6. nous avons pris
   7. Fatima a dit
   8. j'ai mis
   9. Fatima m'a donné
   10. J'ai eu
   11. a dit le frère
   12. je n'ai pas compris
   13. Fatima m'a raconté
   14. Le spectacle a été

2 2. compris 3. fait 4. envoyé 5. vu 6. été 7. mis 8. lu 9. dû 10. ouvert

3 2. Nous avons invité …
   3. On a fait …
   4. … nous avons bu …
   5. Tu as pu aller …
   6. J'ai eu …
   7. Grand-père et Brigitte ont vu …
   8. … vous avez pris …
   9. Magali et Brigitte ont écrit …
   10. Frédo a dansé …
   11. J'ai attendu …
   12. … vous avez écouté …
   13. Nous avons été …
   14. Ils ont voulu acheter …
   15. … tu as offert …
   16. Vous avez mis …
   17. Yves a rangé …
   18. … on a vendu …
   19. … il a fallu …
   20. Magali et Frédéric ont organisé …

4 1. … n'ont pas joué …
   2. Je n'ai pas eu …
   3. La maîtresse n'a rien dit!
   4. … Jacques n'a pas été …
   5. Je n'ai pas mangé …
   6. La maîtresse n'a pas fait attention …
   7. Je n'ai pas écrit.
   8. Les autres enfants n'ont pas rangé …
       … tu n'as pas rangé …

5 1. Je suis monté
2. je suis parti
3. je suis arrivé
4. je suis entré
5. je suis tombé
6. je suis allé
7. je suis venu
8. je suis descendu
9. je suis retourné
10. je suis resté
11. je suis sorti

6 1. être descendu
2. être sorti
3. être arrivé
4. être parti
5. être monté
6. être venu
7. être resté

7 2. Clotilde est tombée de l'escalier.
3. Maman et papa sont montés dans un taxi pour aller chercher tante Louise à la gare.
4. Je suis resté à la maison pour faire attention à Cloclo.
5. Le train de Cherbourg est arrivé à 18 heures.
6. Un peu plus tard, tante Louise est descendue du train.
7. Tous les trois sont rentrés en bus.
8. Samedi, nous sommes sortis ensemble.
9. Dimanche matin, Brigitte et Magali sont venues à la maison pour dire bonjour à tante Louise.
10. Dimanche soir, tante Louise est partie.
11. Cloclo est allée aussi à la gare.
12. Nous avons été tristes parce que nous aimons bien tante Louise.

Test

I 1./b) Frédo redouble la classe parce qu'il n'a pas travaillé.
2./a) Il a une discussion terrible avec ses parents parce qu'il n'a pas fait ses devoirs.
2./c) … parce qu'il a bavardé avec ses camarades.
3./d) Il est seul dans sa chambre parce qu'il a dit des choses méchantes aux parents.
4./c) Il a des mauvaises notes parce qu'il a bavardé avec ses camarades.
4./a) … parce qu'il n'a pas fait ses devoirs.
5./e) Il va un peu mieux parce qu'il a pu téléphoner à un ami.
6./f) Il est content parce qu'il a vu ses copains au café.

II 1. Elles ont écrit …
2. … ils ont été …
3. Nous avons offert
4. J'ai vu …
5. Magali a mis …
6. … vous avez fait …

Zu Seite 40–47

III
1. Magali est rentrée
2. Brigitte est arrivée
3. J'ai dit
4. toutes les deux sont reparties
5. Elles ont mis
6. sa mère est revenue
7. elle n'a pas trouvé
8. Elle est venue
9. elle a demandé
10. je n'ai pas pu répondre
11. elle est restée
12. mon mari est allé
13. Il a fallu acheter
14. il a vu
15. ils sont sortis
16. tous les quatre sont montés
17. elles sont rentrées
18. Elles sont revenues
19. j'ai vu
20. ils sont descendus
21. Les garçons ont embrassé
22. ils sont tombés amoureux
23. vous n'avez rien acheté

5 Das Adverb

1
2. toujours
3. souvent
4. Alors, tout de suite
5. encore
6. trop
8. Maintenant
9. vite
10. très
11. Alors, encore, peut-être
12. bien, très
13. Tout à coup

2
1. M. Bonsens a vite compris le problème.
2. Cloclo est seule à la maison; ses parents sont encore au théâtre.
3. Frédo a beaucoup travaillé cette année.
4. Maintenant, il a de bonnes notes.
5. Yves a souvent joué à l'ordinateur.
6. Mais il n'a pas souvent rencontré ses amis.
7. Les grands-parents de Brigitte vont peut-être venir pendant les vacances d'été.

6 Der indefinite Begleiter *tout*

1
2. tout les fruits
3. tout le fromage
4. tout le lait
5. toutes les tasses
6. toutes les serviettes de cuisine
7. tous les journaux
8. toute la poubelle
9. toute la vaisselle
10. toute la famille

2
1. toute la journée
2. avec tous ses amis; tout le temps
3. Tous ont dit
4. tout; toutes ses curiosités; tous ses quartiers
5. toute une année
6. de tous mes amis

Test

I
1. Brigitte et Yves ont invité *tous leurs* amis.
2. *Tous* ont apporté quelque chose.
3. Ils ont vidé *toutes les* bouteilles et ils ont *tout* mangé: *toutes les* salades, *tous les* desserts et *tout le* pain.
4. *Toute la* nuit, ils ont écouté de la musique et ils ont dansé.
5. Les parents ont expliqué à *tous les* voisins que *tous les deux*, Brigitte et Yves, fêtent leur anniversaire ensemble.

7 Der Teilungsartikel

1
Le matin
du pain gris/de la margarine/du café sans sucre/du jogging
A midi
du poisson/de la salade/de l'eau minérale/de la natation
Le soir
du yaourt/du thé noir/de la danse
Vers 23 heures
du jus de fruit/du yoga

2
un régime/du jogging
de blanc/de l'eau minérale
de la glace/du fromage/du fromage/une glace à la vanille
des abricots; des artichauts/d'abricots; d'artichauts
de la musique/un poste
une valise/de choses
d'argent

3
1. Je prends encore un peu de viande.
2. Je n'aime pas le riz.
3. Le riz est bon pour la santé.
4. Je préfère les pommes de terre.
5. Avec de la sauce?
6. Est-ce qu'on écoute de la musique?
7. Je n'aime pas la musique classique.
8. Est-ce qu'on mange des crêpes après?
9. Je préfère les crêpes sans sucre.
10. Comment est-ce qu'on fait les crêpes?
11. Avec du beurre, de la farine et des œufs.
12. Je ne veux plus manger de dessert parce que j'ai mangé trop de crêpes.

Test

I
1. … du beurre et un pot de confiture.
2. … du fromage et deux baguettes.
3. … les croissants avec du chocolat.
4. … des cigarettes?
5. … de cigarettes parce que le tabac….
6. … le vin rouge, un verre de vin rouge ….
7. … alcool … pas de cigarettes.

Zu Seite 57–61   8

II   1. Brigitte regarde l'étalage avec des anoraks et des manteaux.
     2. Pour préparer du poisson il faut du jus de citron.
     3. Pendant les vacances, beaucoup de touristes sont à la mer.
     4. En Italie, il y a du pain sans sel.
     5. Je préfère le pain avec du sel.
     6. Yves fait du sport et Frédo fait de la musique.
     7. Cloclo demande à Frédo: Est-ce que tu as un peu d'argent pour moi?
     8. Katrin aime bien la salade de tomates.
     9. Magali explique: J'ai du courage, même si j'ai peur.

8   Verben mit Stammerweiterung

1
	choisir	remplir	réfléchir	ralentir
je	choisis		réfléchis	ralentis
tu	choisis	remplis	réfléchis	ralentis
elle/il		remplit	réfléchit	ralentit
nous	choisissons	remplissons	réfléchissons	ralentissons
vous	choisissez	remplissez		ralentissez
elles/ils	choisissent	remplissent	réfléchissent	ralentissent
	avoir choisi		avoir réfléchi	

2
	correct	faux	corrigé
1.		x	je sors
2.	x		
3.		x	tu finis
4.	x		
5.		x	elle choisit
6.		x	vous partez
7.	x		
8.		x	nous réfléchissons
9.		x	elles finissent
10.	x		
11.		x	tu dors
12.		x	nous sortons

3   1. Rolf   = elles/ils apparaissent
    2. Frédo = tu parais
    3. Yves   = elle/il connaît
    4. Frédo = je parais
    5. Yves   = nous connaissons
    6. Rolf   = elle/il apparaît
    7. Frédo = nous paraissons
    8. Rolf   = vous apparaissez
    9. Yves   = tu connais
    10. Yves   = je connais
    11. Frédo = elles/ils paraissent
    12. Rolf   = nous apparaissons
        Rolf!!

Zu Seite 62–69

Test

I
2. vous réfléchissez
3. je finis
4. dormir
5. sort
6. réfléchis
7. connaissez
8. il paraît
9. ouvre
10. part
11. choisissons
12. dormez
13. sortir
14. remplis
15. partir
16. finissent
17. ouvre
18. apparaissent
19. reconnaît

9 Infinitivkonstruktionen mit Präposition

1
2. Robert a envie de regarder la télé.
3. Magali a envie de lire un livre.
4. Frédéric a envie de jouer au foot.
5. Yves a envie de jouer au tennis.
6. Brigitte a envie de faire de la musique/de jouer de la guitare.
7. Et Clotilde a envie d'écouter de la musique.

2
1. Elle oublie de faire …
2. Elle ne peut pas …
3. … lui dit de …
4. … elle n'a plus envie de rire …
5. … elle n'a pas le temps de sortir …
6. … elle rêve d'avoir …
7. … elle est triste de ne rien trouver …
8. … va lui téléphoner.
9. … elle va entendre …
10. … elle est contente de …

3
2. Le monsieur est en train de filmer les enfants.
   Il est en train de prendre une photo/de les photographier.
3. Le chien est en train de dormir.
   Il est en train de courir après le ballon.
4. La dame sur le banc est en train de lire.
   Elle est en train d'écrire.
5. La petite fille sur le banc est en train de boire.
   Elle est en train de manger une glace.
6. Les garçons sont en train de jouer au foot.
   Ils sont en train de jouer au volley-ball.
7. Le facteur est en train de conduire.
   Il est en train de faire du vélo.

4
2. Nous allons nous coucher …
3. Il vient de sortir …
4. … ils sont en train de réparer …
5. … je viens de réparer …
6. … vous allez écrire …
7. Il va sûrement pleuvoir.

Zu Seite 70–78

5
1. j'ai enfin le temps de t'écrire
2. content de trouver
3. Je viens de la lire
4. j'ai pu parler
5. correct
6. correct
7. Il commence à faire
8. correct
9. correct
10. pas beaucoup envie de travailler
11. ne veulent rien savoir/beaucoup de devoirs à faire
12. correct
13. correct
14. aime toujours manger
15. Tu penses à m'envoyer

6 1. à   2. de   3. –   4. à   5. –

Test

I 1. d' 2. – 3. de 4. de 5. à 6. de 7. de 8. – 9. – 10. d' 11. d' 12. – 13. de 14. – 15. de 16. de

II
1. J'ai bien envie d'aller au cinéma.
2. Mais je n'ai pas le temps de sortir.
3. J'ai encore des devoirs à faire.
4. Je te propose de regarder le film après la composition de mathématiques.

10 Die unverbundenen Personalpronomen

1
1. C'est à vous/il n'est pas à moi, il est à lui/il est à moi
2. Moi, je prépare/et toi, tu prépares
3. C'est à vous/c'est d'abord à elles/c'est à nous
4. avec moi/avec lui
5. nos jouets/à côté de vous
6. derrière toi
7. elles/eux

11 Die Relativpronomen

1

1	2	3	4	5	6
e	f	d	c	a	b

2
2. Frédéric, qui aime bien dormir longtemps, a programmé son réveil pour dix heures.
3. Clotilde, qui est toujours debout à sept heures, s'ennuie seule.
4. Elle cherche une farce qui doit mettre son frère en colère.
5. Elle entre dans la chambre de son frère qui dort.
6. Elle prend le réveil qui est programmé pour dix heures.

Zu Seite 80–88

3
2. Hauptsatz: Montre-moi le musée — Relativsatz: que nous allons visiter demain. (d.O. / S. / Prädikat)
3. Hauptsatz: Comment s'appelle ce château — Relativsatz: que vous nous montrez aujourd'hui? (d.O. / S / ind.O. / Prädikat)
4. Hauptsatz: C'est une forêt — Relativsatz: qui est très belle. (S. / Prädikat)

4 1. qui 2. qui 3. qui 4. que 5. que 6. qui

5
C'est déjà moi *qui suis allée* au supermarché hier!
… c'est moi *qui vais décider* pour vous.
… c'est vous *qui allez ranger* la cuisine et *qui allez faire les courses*!
… c'est toujours nous *qui devons tout faire* …

6
2. C'est Jean qui fait les courses.
3. C'est moi qui ai téléphoné.
4. C'est à Tunis qu'il habite.
5. C'est à 20 heures que vous arrivez …
6. C'est à Mme Pipelette que nous …
7. Ce sont Rolf et Magali qui viennent nous chercher.
8. Ce sont les grands-parents que nous allons chercher en voiture.

7
2. <u>dans ce théâtre</u> / Je vais te montrer le théâtre où je suis déjà allé.
3. <u>ce soir-là</u> / Cela s'est passé un soir de vacances où il y a eu un orage.
4. <u>dans cette maison</u> / «Regardez la maison où nous avons habité pendant cinq ans.»

Test

I 1. qui 2. qui 3. où 4. où 5. qu' 6. que
7. qui 8. qui 9. que 10. qui 11. où 12. qu'

12 Die reflexiven Verben

1
1. je m'amuse
2. nous nous levons
3. nous nous baignons
4. nous nous couchons
5. je me dépêche
6. elle s'appelle
7. on ne s'ennuie jamais
8. nous nous entendons
9. tu t'amuses?

2
2. Mets-toi au travail.
3. Habille-toi.
4. Dépêche-toi.
5. Ne t'amuse pas …
6. Couche-toi.

Zu Seite 89–95

3

1	2	3	4
c	b	d	a

1. Et vous, Magali et Brigitte, vous vous êtes déguisées en quoi?
2. Frédéric s'est dépêché.
3. Cloclo ne s'est pas couchée à dix heures.
4. Yves et Brigitte se sont rencontrés à la M.J.C.

4
1. Clotilde s'est endormie.
2. Magali ne s'est jamais ennuyée avec Rolf.
3. Frédéric et Yves se sont rencontrés chez Patrick.
4. Le train s'est arrêté deux minutes seulement.
5. Elles ne se sont pas retournées.
6. Frédéric et Clotilde ne se sont jamais compris.
7. Magali et Karin se sont bien entendues.

5
2. tu vas t'acheter
3. je vais m'habiller
4. nous allons nous rencontrer
5. on va se retrouver
6. vous n'allez pas vous ennuyer
7. Qui va s'occuper
8. Tu vas t'ennuyer
9. Ils vont s'endormir

6
1. tu veux bien t'occuper
2. doit s'occuper
3. je ne peux jamais m'amuser
4. je dois toujours m'occuper
5. Qui va s'amuser à
6. Je ne veux pas m'ennuyer
7. tout le monde va s'amuser
8. qui doit se rendre
9. qui va s'ennuyer
10. vous ne voulez pas vous occuper
11. Je vais m'amuser avec

Test

I
1. f Je m'habille.
2. f Il va se lever …
3. c
4. c
5. f … je ne me suis pas retournée.
6. f Elles se sont ennuyées.
7. c
8. c
9. f Vous allez vous amuser …

II
1. Elle se lève et elle se regarde dans la glace.
2. Elle se sent fatiguée et elle prend un comprimé.
3. Elle se rend chez Mme Saistout.
4. Elle s'installe dans sa loge.
5. Elle s'ennuie et lit les cartes postales des locataires.
6. Elle se met enfin au travail.
7. Elle se sent fatiguée.
8. Elle se dope avec un apéritif.
9. Elle se sent pleine d'énergie.
10. Le soir, elle est fatiguée et s'installe dans son fauteuil et se repose.

13 Länder- und Städtenamen

Eh bien, moi, j'aimerais bien aller
en Belgique, au Danemark,
en Italie, aux Pays-Bas.

Nous venons
de Pologne, du Luxembourg,
d'Espagne, des Etats-Unis.

1
- 2. le Danemark
- 3. la France
- 4. la Grèce
- 5. l'Autriche
- 6. l'Allemagne
- 7. l'Italie
- 8. les Pays-Bas
- 9. le Portugal
- 10. l'Espagne
- 11. la Pologne

2
1. a) Claire va faire un stage en Allemagne.
   b) M. Bequetot revient de Pologne.
2. a) Jean-Luc a travaillé en Grande-Bretagne.
   b) Mlle de Beer rend visite à sa famille aux Pays-Bas.
3. a) Mme Grandchamp est revenue de Turquie.
   b) La famille Gros rentre du Luxembourg.
4. a) Mme Sète reste quatre semaines en Italie.
   b) Paul et Paulette passent leurs vacances en Suède.
5. a) La famille Rieux revient des Etats-Unis.
   b) M. Turgot fait un voyage en Suisse.

3
2. Tony: Ah, tu es Roumaine?
   Ludmilla: Oui, je viens de Roumanie. Et toi?
   Tony: Je viens de Belgique, mais je suis Anglais.
3. Pedro: Ah, tu es Italienne?
   Gina: Oui, je viens d'Italie. Et toi?
   Pedro: Je viens du Danemark, mais je suis Portugais.
4. Marcel: Ah, tu es Hollandais?
   Piet: Oui, je viens des Pays-Bas. Et toi?
   Marcel: Je viens de France, mais je suis Suisse.
5. Nils: Ah, tu es Espagnole?
   Carmen: Oui, je viens d'Espagne. Et toi?
   Nils: Je viens de Grande-Bretagne, mais je suis Suédois.
6. Fatima: Ah, tu es Américain?
   Steve: Oui, je viens des Etats-Unis. Et toi?
   Fatima: Je viens d'Allemagne, mais je suis Turque.
7. Anna: Ah, tu es Polonais?
   Krisztian: Oui, je viens de Pologne. Et toi?
   Anna: Je viens d'Irlande, mais je suis Norvégienne.

4
1. … il arrive au Mans.
2. Le mardi à neuf heures, il va à Nantes. Vers treize heures, il continue à La Rochelle.
3. Le mercredi à huit heures, il se rend à Limoges. A quatorze heures, il part pour Le Puy.
4. Le jeudi, il va du Puy à Chambéry.
5. Le vendredi à dix heures, il arrive aux Saisies. Il y reste une nuit.

6. Le samedi à sept heures, il part des Saisies. Il arrive au Creusot à dix-huit heures.
7. Le dimanche a six heures, il part du Creusot. Il passe par Orléans. A vingt heures, il arrive au Havre.

Test

I
1. en Allemagne
2. d'Espagne
3. au Luxembourg
4. de Hollande/des Pays-Bas
5. d'Italie
6. en Grèce
7. au Portugal
8. au Danemark, en Angleterre/ en Grande-Bretagne, en Suède, aux Etats-Unis

II
2. un bateau qui vient de Suède et qui transporte du jambon danois en Roumanie ;
3. un camion qui vient d'Allemagne et qui transporte des antiquités polonaises aux Pays-Bas;
4. un camion qui vient de Lausanne et qui transporte des montres suisses en Grande-Bretagne;
5. un bateau qui vient du Portugal et qui transporte des oranges espagnoles en Irlande;
6. un bateau qui vient du Havre et qui transporte des sardines françaises en Allemagne;
7. un camion qui vient de Rome et qui transporte des produits de beauté italiens en Belgique;
8. un camion qui vient de La Ciotat et qui transporte des meubles français en Pologne;
9. un bateau qui vient de Grèce et qui transporte l'huile d'olive grecque aux Etats-Unis.

14 Die Adverbialpronomen *y* und *en*

1
2. dans ce restaurant — Je n'y mange jamais.
3. à la piscine — … il y va.
4. chez Robert — Nous jouons avec l'ordinateur chez lui.
5. au cinéma — Vous y allez.
6. au marché — Allons-y!
7. en Suisse — Il y habite.

2
2. de — de chez lui
3. dans le sac — ils n'y sont pas
4. au cinéma — Vas-y.
5. chez Magali — chez elle/chez
6. du — en
7. au — ils y sont déjà allés
8. de — en repartir

3
1. Rolf y pense souvent.
2. Il en a très envie.
3. … il rêve d'elle.
4. Il s'en souvient.
5. … il parle beaucoup d'eux.
6. … peut-être qu'il y va à Noël.
7. … ses parents en pensent?
8. … elle a aussi besoin de lui?

Test

I

1	2	3	4	5	6	7	8	9	10
e	k	c	g	i	h	d	f	a	b

II
1. Elle n'en a pas envie.
2. Tu en viens.
3. Nous y allons.
4. Je reste chez lui ce soir.
5. Tu en reviens?
6. Nous en prenons deux kilos.
7. Il en parle souvent.
8. Vas-y!
9. N'en prends pas à ton âge!
10. Je viens de chez lui.

15 Die Steigerung des Adjektivs

1
2. La professeur de dessin est aussi libérale que la professeur de philosophie.
3. L'informatique est moins difficile que les mathématiques.
4. La philosophie est plus dure que l'histoire.
5. Les filles sont aussi paresseuses que les garçons.
6. Les interros orales sont plus mauvaises que les interros écrites.
7. La documentaliste est aussi autoritaire que le professeur de physique.
8. La cafétéria est meilleure que la cantine.
9. Le pion est moins sévère que le principal.

2
2. Il a les acrobates les plus habiles de tous les cirques.
3. Il a le plus gros éléphant d'Inde.
4. Il a le tigre le plus dangereux de France.
5. Il a la plus jolie trapéziste de tous les cirques français.
6. Il a le plus petit jongleur du monde.
7. Il a la femme la plus forte d'Europe.
8. Il a la plus grande girafe.
9. Il a le clown le plus drôle de tous les clowns.
10. Il a le dompteur le plus courageux de France.
11. Il a les plus beaux chevaux.
12. Il a le meilleur orchestre du monde.

Test

I
2. a) un des trains les plus rapides
   b) les trains sont plus rapides que
3. a) le métier le plus dangereux
   b) ce métier est moins dangereux que
4. a) Le RQ2 est le plus petit ordinateur
   b) tous les ordinateurs sont aussi grands que
5. a) les élèves sont moins intelligents que
   b) les élèves sont les personnes les plus intelligentes
6. a) la meilleure solution
   b) c'est moins mauvais que d'aller à l'école
7. a) c'est la plus belle période.

16 Das Perfekt (2) – Die Veränderlichkeit des Partizips

1 1. faits 2. vus 3. préparées 4. mises 5. préparé

2 1. passé 2. achetées 3. joué 4. vues 5. mangés

3 2. D 3. C 4. A 5. B 6. D

4 1. vue 2. dit 3. parlé 4. donné 5. vus 6. appelée 7. dit 8. donné

5
2. f balayé   5. c / f donnés   8. c
3. f appelée   6. c   9. c
4. c   7. f bu   10. f cassé

Test

I
1. J'ai balayé l'escalier.
2. Le facteur m'a appelée.
3. J'ai porté les lettres à Mme Lebrun.
4. Je suis tombée dans l'escalier.
5. Elle n'a pas dit qu'elle a bu les deux verres que Mme Lebrun lui a offerts.

II
1. appelée
2. expliqué
3. passés
4. portée
5. arrêtés
6. sonné
7. partie
8. montré
9. allée
10. étonnée
11. vu
12. repartis
13. revenus
14. repris
15. portée
16. vue
17. descendue
18. trouvé
19. appelé
20. montré
21. reconnus

---

www.cornelsen.de

Dieser Band folgt den Regeln der deutschen Rechtschreibung, die seit August 2006 gelten.

1. Auflage 2009
© 2009 Cornelsen Verlag Scriptor GmbH & Co. KG, Berlin
Das Werk und seine Teile sind urheberrechtlich geschützt. Jede Verwertung in anderen als den gesetzlich zugelassenen Fällen bedarf der vorherigen schriftlichen Einwilligung des Verlages.
Satz: FROMM MediaDesign GmbH, Selters/Ts.
Druck und Bindung: Tesinska Tiskarna, Cesky Tesin
Printed in the Czech Republic
ISBN 978-3-589-22997-0